»Studenten gibt es hier vierzehnhundert, Damen sind wir bis jetzt nur drei.« Felicitas von Aretin begibt sich auf Spurensuche und zeichnet die mutigen Lebensentwürfe der ersten berufstätigen Akademikerinnen aus Deutschland, Österreich und der Schweiz nach. Jede hat zahlreiche Widerstände zu überwinden. Die Frauen erweisen sich als Netzwerkerinnen der ersten Stunde. Als die Nationalsozialisten die Frauen aus den Berufen drängen, gelingt es einer Reihe von ihnen, nach der Emigration fern der Heimat erneut Fuß zu fassen.
Porträtiert werden 18 Frauen, darunter Magdalene Schoch, die erste habilitierte Juristin; die österreichische Physikerin Lise Meitner; die aus der Schweiz stammende Greti Caprez-Roffler, die erste Pfarrerin Europas; die Schönheitschirurgin Edith Peritz; die Sozialreformerin Elly Heuss-Knapp, Bundespräsidentengattin und Gründerin des Muttergenesungswerks, sowie die Stahlunternehmerin Käthe Ahlmann, die den Verband deutscher Unternehmerinnen ins Leben ruft.

Felicitas von Aretin studierte Geschichte und Kunstgeschichte in Frankfurt am Main, Heidelberg und München, promovierte am Europäischen Hochschulinstitut in Florenz und ist Journalistin für die *FAZ*, *Der Tagesspiegel* und *Die Welt*.

insel taschenbuch 4795
Felicitas von Aretin
Mit Wagemut und Wissensdurst

Die Originalausgabe erschien 2018 im Elisabeth Sandmann Verlag und wurde für die vorliegende Taschenbuchausgabe leicht gekürzt.

Erste Auflage 2020
insel taschenbuch 4795
Insel Verlag Berlin 2020
© 2018, Elisabeth Sandmann Verlag GmbH, München
Vertrieb durch den Suhrkamp Taschenbuch Verlag
Umschlag, Innenseiten und Satz: Schimmelpenninck.Gestaltung, Berlin
Umschlagabbildungen: Getty Images, München: Atom (Universal History Archive/Universal Images); Interfoto, München: Brief (Science & Society); Süddeutsche Zeitung Photo, München: Frau Lesesaal (Scherl), Frau Pipette (National Media Museum/SSPL), Wissenschaftlerinnen auf der Rückseite (Joachim Krack)
Druck: Pustet, Regensburg
Printed in Germany   ISBN 978-3-458-36495-5

FELICITAS von ARETIN

Mit Wagemut und Wissensdurst

Die ersten Frauen
in Universitäten
und Berufen

Inhalt

$$-\frac{\hbar}{i}\frac{\partial}{\partial t} = \frac{p^2}{2m} - \frac{Ze^2}{r}$$

$$\lambda = \frac{\hbar^2}{ec}$$

Einleitung

Lebe deine Träume

»Wir brauchen weibliche Vorbilder in der Politik«, fordert Carla Neisse-Hommelsheim vom Vorstand des Deutschen Frauenrats als Reaktion auf die Sitzverteilung im Deutschen Bundestag nach der Wahl im Herbst 2017. Danach sitzen sechs Prozent weniger Frauen im Parlament als in der letzten Legislaturperiode – nämlich nur noch 31 Prozent. Während der Frauenanteil in Aufsichtsräten von DAX-Konzernen ansteigt und im Schnitt bei den geforderten 30 Prozent liegt, sind Frauen häufig in anderen »machtvollen« Gremien nicht vertreten. Dabei sind sie inzwischen in Deutschland, Österreich und der Schweiz ebenso gut ausgebildet wie Männer, schreiben das bessere Abitur, erzielen die besseren Hochschulabschlüsse und dominieren Fächer, die früher fest in Männerhand waren. Parallel erodiert das jahrzehntelang gültige Ernährer-Modell. Aber auch wenn Väter sich vermehrt um die Erziehung des Nachwuchses sorgen, übernehmen Mütter den größten Teil der Hausarbeit, was mit erklären könnte, warum sie nicht die oberste Sprosse der Karriereleiter erklimmen (wollen). Wie das eigene Leben zu gestalten ist, bleibt bis heute ein individueller Weg – auch wenn sich die Rahmenbedingungen entscheidend verbessert haben, wie ein Blick in die Geschichte zeigt: Erst 1971 erhielten Schweizerinnen auf eidgenössischer Ebene das Stimm- und Wahlrecht, seit 1977 dürfen Frauen in Deutschland ohne Einwilligung ihres Mannes arbeiten, 1982 wurde der Mutterschutz auch auf selbstständig erwerbstätige Österreicherinnen ausgedehnt.

Mehr Rechte erkämpften sich Frauen über bessere Bildungschancen. Wer sich auf die Suche nach den ersten studierten Frauen macht, stellt fest, wie wenig das von der Satire geprägte Bild des »Blaustrumpfes« die Realität trifft und wie modern, wie mutig, unangepasst und resilient die ersten berufstätigen Akademikerinnen ihren Weg gingen: Unbeirrbar erweitern die ersten Studentinnen Wissenshorizonte und lassen sich darauf ein, nicht zu wissen, ob und wie sich später Beruf,

Partnerschaft und Familie verbinden lassen. Einige wissenshungrige junge Frauen träumen am Ende des 19. Jahrhunderts davon, zu studieren und unabhängig zu sein. Wer große Vorhaben hat, braucht Verbündete: mal ist es der Vater, mal die Mutter, mal ein Onkel, eine Lehrerin oder Herzensfreundin. Ein Studium kostet Geld. So stammen die ersten Studentinnen meist aus begüterten bürgerlichen oder adligen Elternhäusern.

Höhere Mädchenschulen geben Töchtern aus gutem Haus im 19. Jahrhundert den letzten gesellschaftlichen Schliff, jedoch vermitteln sie weder vertiefte Bildung noch die Reifeprüfung. Wer aber studieren will, braucht das Abitur, in Österreich die Matura. Damit lässt sich die Zulassung von Frauen zu Universitäten drosseln. Auf Druck der bürgerlich-liberalen Frauenbewegung etablieren sich ab 1890 die ersten Gymnasialkurse und Mädchengymnasien in Zürich, Wien und Karlsruhe. Meistens büffeln die ersten Studierwilligen – allein oder mit Privatlehrer – Chemie, Latein und Mathematik, um als Externe an Jungengymnasien die Reifeprüfung abzulegen. Eine weitere Möglichkeit bieten Lehrerinnenseminare, mit deren Abschluss Frauen ebenfalls zum Studium zugelassen werden.

Zunächst steht es im Belieben des Ordinarius, ob er eine Dame als Gasthörerin duldet, die nicht zu Prüfungen zugelassen wird. Darüber hinaus benötigen diese weiblichen Studierwilligen die Zustimmung des Rektors und des zuständigen Ministers. Trotz dieser Schwierigkeiten machen hiervon immer mehr Frauen Gebrauch. Da die Eidgenössische Hochschule Zürich Kolleggelder benötigt, lässt sie in den 1860er-Jahren russische Medizinstudentinnen zu, die den Weg für das Frauenstudium ebnen, aber mit Argwohn betrachtet werden. Als erste Schweizerin schreibt sich 1868 Marie Heim in Zürich ein. »[...] je mehr man mich entmutigen will, desto mutiger werde ich«, bemerkt die spätere Medizinerin, die mehrere Kinder großzieht und das erste Frauenspital in der Schweiz gründet. Österreich und Deutschland erweisen sich in diesem Punkt als »verspätete Nationen«. Während Frauen sich in England, Russland und Skandinavien schon in den 1870er-Jahren immatrikulieren können, wird Baden im Deutschen Reich zum Präzedenzfall, da es ab 1900 Frauen regulär zum Studium zulässt, in Preußen, Hessen und

Elsass-Lothringen dauert es bis 1908. In Österreich dürfen Frauen sich 1897 erstmals an der Philosophischen Fakultät als ordentliche Studentinnen einschreiben, andere Fakultäten folgen. Vorausgegangen ist eine mit Verve geführte Debatte über das Frauenstudium, die öffentlich über Petitionen, Broschüren und Bücher ausgetragen wird. Fortschrittlich denken vor allem Mathematiker und evangelische Theologen.

Besonders kritisch hingegen sind die Mediziner, die mit gängigen Geschlechterklischees operieren. Der deutsche Mediziner Theodor von Bischoff führt das »wenig leistungsfähige weibliche Gehirn« ins Feld, andere argumentieren mit »seelischer Labilität«, wonach Frauen weder logisch-abstrakt denken noch im Beruf bestehen könnten. Tatsächlich geht es gerade in Jura, Medizin und Theologie um männliche Ängste vor Autoritäts- und Machtverlust wie um soziales Prestige. Auch die sich langsam akademisch etablierenden Wirtschaftswissenschaften bleiben lange eine Männerdomäne: Wenn Frauen ein Unternehmen leiten, dann meist erst, wenn sie verwitwet sind.

Mit der Reform des höheren Mädchenbildungswesens reagiert die Politik auf drastische gesellschaftliche Umwälzungen, die mit dem rasanten industriellen, technischen und wissenschaftlichen Fortschritt einhergehen. Unverheiratete Frauen aus Mittelschicht und Bürgertum müssen ihren Lebensunterhalt zunehmend selbst bestreiten; Arbeiterfrauen ihre Familien durchbringen. Um 1900 entstehen neue Berufe wie das »Fräulein vom Amt«, die Sekretärin, Gärtnerin und Fotografin. Parallel professionalisiert sich die Sozialarbeit. Da Frauen im Kaiserreich zunächst politisch nicht aktiv sein dürfen, gründen sie Vereine für Frauenbildung und Fürsorgewesen. Proletarierfrauen kämpfen für verbesserte Arbeitsbedingungen, soziale Sicherheit und das Frauenwahlrecht, bürgerlich-liberale Frauenvereine treten für gleiche Bildungs- und Berufszugänge ein. »*Das Bicycle hat zur Emanzipation der Frauen aus den höheren Gesellschaftsschichten mehr beigetragen als alle Bestrebungen der Frauenbewegung zusammengenommen*«, bringt es die österreichische Frauenrechtlerin Rosa Mayreder auf den Punkt. Ende des 19. Jahrhunderts radeln Frauen der häuslichen Enge davon und befreien sich im Zuge der Lebensreformbewegung auch vom Korsett. Andere treten, wie die Medizinerin Anna Fischer-Dückelmann in ihrem Bestseller *Die Frau als Hausärztin*, erschienen 1901, für eine freie Sexualität ein.

Als 1914 der Erste Weltkrieg ausbricht, hoffen viele auf ein reinigendes Gewitter, das ein morsches Gesellschaftssystem zum Einsturz bringt. Allerorts stellen Frauenvereine sich in den Dienst des Vaterlands, während einzelne Frauen, wie die Schweizer Biochemikerin Gertrud Woker, den Giftgaskrieg verdammen. Tatsächlich läutet das Ende des Ersten Weltkriegs mit seinen Millionen Toten und den Gewaltexzessen eine Phase der politischen Instabilität und des Populismus ein. Das Habsburgerreich zerfällt auf den Reststaat Österreich. In Deutschland dankt Kaiser Wilhelm II. ab. Die neuen Republiken Österreich und Deutschland gewähren Frauen erstmals das allgemeine Wahlrecht, während Frauen in der Schweiz bis 1971 weder Wahl- noch Stimmrecht besitzen.

Für eine kurze Zeit scheint alles möglich. Während des Krieges stehen Apothekerinnen und Zugschaffnerinnen »ihren Mann« – und sorgen parallel für Kinder und Haushalt. Selbstbewusst wie elegant will die »neue Frau« die Welt nach 1918 gesellschaftlich wie individuell gestalten. Weibliche Angestellte prägen das Großstadtbild mit. Frauenclubs wie die Soroptimisten und Zonta-Clubs entstehen. Weibliche Berufsverbände werden gegründet. Außerdem schließen sich in den Zwanzigerjahren Wissenschaftlerinnen zu Akademikerinnenverbänden zusammen, die weltweit in der International Federation of University Women kooperieren. »Nie wieder Krieg« heißt die Devise. Nach 1933 wird das globale Frauennetzwerk vielen jüdischen Frauen das Leben retten. Die ersten Parlamentarierinnen erreichen in Österreich und in Deutschland Verbesserungen sowohl im Bildungswesen als auch im sozialen Bereich, so etwa durch eine Erweiterung des Mutterschutzes.

Auch wenn nach 1900 mehr Frauen studieren – an Hochschulen bilden sie die Ausnahme. Bis 1929 schließen rund 700 Schweizerinnen ihr Studium ab, darunter die Hälfte als Ärztinnen. In Deutschland liegt der Anteil von Frauen, die studieren, 1921 bei 9,5 Prozent, 1931 bei 18,9 Prozent. Das Bild der Studentin wandelt sich positiv, wofür der Bestseller *Stud. chem. Helene Willfüer* der österreichischen Schriftstellerin Vicky Baum steht. Dort wird der hürdenreiche Weg der alleinerziehenden

Protagonistin an der Universität thematisiert. An Hochschulen finden Frauen meist keine Anstellung – außer sie lehren als schlecht bezahlte Privatdozentinnen. In Deutschland dürfen Frauen erst ab 1921 habilitieren. »*Ich bin der (sic) erste ordentliche weibliche Professor in Deutschland*«, schreibt die resolute Deutsch-Baltin Margarete von Wrangell an ihre Mutter, als es ihr gegen den Widerstand der männlichen Professorenschaft 1923 gelingt, einen Ruf an die landwirtschaftliche Hochschule in Hohenheim zu erhalten. Mehr Chancen bieten außeruniversitäre Forschungseinrichtungen wie die Kaiser-Wilhelm-Gesellschaft. Auch eröffnen sich oft Chancen, wenn Ehepaare gemeinsam forschen, wie die Beispiele der Hirnforscher Cécile und Oskar Vogt, der Historiker Hedwig und Otto Hintze und der Psychologen Charlotte und Karl Bühler zeigen.

Kaum ist ein Stück Freiheit erobert, geraten die ersten berufstätigen Frauen im Zuge von Weltwirtschaftskrise, Populismus und Arbeitslosigkeit ins Visier: Freiwillig sollen insbesondere verheiratete Frauen auf ihren Job verzichten und sich stattdessen treusorgend um Gatten, Haushalt und Kinder kümmern. Nach 1933 drängen die Nationalsozialisten Frauen systematisch aus Schule und Beruf. Der Frauenanteil an den deutschen Universitäten wird auf zehn Prozent beschränkt, Berufsverbände werden aufgelöst und gleichgeschaltet; Mutterschaft wird ideologisch verklärt. Wer die sogenannte Volksgemeinschaft als »nichtarisch« oder politisch unliebsam stört, wird diskriminiert, verfolgt und sogar ermordet. Als im März 1938 Österreich zur »Ostmark« des nationalsozialistischen Deutschen Reichs wird, weiten die deutschen Machthaber ihre menschenverachtenden Gesetze auf dieses Land aus. Einigen der hier porträtierten Frauen gelingt unter abenteuerlichen Umständen nicht nur die Emigration, sondern der Aufbau einer neuen Karriere. Viele andere werden ermordet. Häufig gerät ihr Schicksal in Vergessenheit – es ist an der Zeit, auch die unbekanneren Frauen wiederzuentdecken. Denn gerade heute sind sie Vorbild: Sie handelten ungeachtet aller Steine, die ihnen in den Weg gelegt wurden, zielstrebig und fokussiert. Erfolgreich und glücklich, wer ein tragfähiges Netzwerk aus Familie, Freundeskreis und Mentorinnen und Mentoren im Rücken weiß.

»*Ich wünsche, für andere die Bahn zu brechen.*«

Die erste Schweizer Ärztin, **Marie Heim-Vögtlin**

KAPITEL 1

—

Frauen drängen
in Männerdomänen

»Um wenigstens etwas in meinem Leben zu erreichen, bereite ich mich auf den Kampf um die Gleichheit der Rechte vor«, schreibt die Russin Nadeschda Suslowa, die 1867 als erste Frau in Zürich das Medizinstudium mit dem Doktorat abschließt. Für junge Russinnen avancieren Schweizer Universitäten zu Sehnsuchtsorten, um ein in Russland verwehrtes Studium fortzusetzen. Mit ihrer libertinen wie anarchistischen Lebensweise regen die Studentinnen die männliche Fantasie zu Projektionen an. Letztlich machen die Russinnen den Weg auch für viele Schweizerinnen und deutsche Frauen frei, die vor 1900 in der Schweiz studieren. So verteidigen in Deutschland Professoren, Reichstag und Bürokratie »ihre« Universitäten gegen die verspotteten »Blaustrümpfe«. Kein Argument scheint zu schade: *»Ein Student, der nicht saufen kann, [...] niemals«*, wütet der Historiker Heinrich von Treitschke. Der Psychiater Paul Julius Möbius fokussiert auf den *»physiologischen Schwachsinn des Weibes«*. Andere führen eine unpässliche Konstitution und die Unfähigkeit zum logisch-abstrakten Denken ins Feld. Der Bürger wünscht sich seine Frau als Hüterin von Heim und Brut. In prestigeträchtigen Fächern wie Medizin, Jura, Architektur und Theologie regt sich deshalb besonders heftiger Widerstand gegen das Frauenstudium. Die Männer fürchten sich vor Autoritäts- und Machtverlust. In dieser Situation weichen viele Studentinnen in akademische Nischenfächer aus wie Familienrecht, Innenarchitektur oder Gynäkologie.

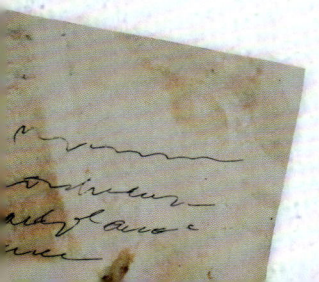

Die erste habilitierte deutsche Juristin und Gründerin des ersten deutschen Zonta-Clubs

1897–1987

Magdalene Schoch

»Hamburg ist nicht weit von Amerika.«

Im Mai 1937 bekommen die Hamburger Universitätsmitarbeiter ein Schreiben der Hochschulleitung, das ihnen den Eintritt in die NSDAP empfiehlt. Die Privatdozentin Magdalene Schoch kommt dieser Aufforderung nicht nach. Lakonisch schildert sie nach ihrer Emigration das Verhalten ihres Chefs: *»Ganz aufgeregt rief mich mein damaliger Chef in sein Büro [...] ›Um Gottes Willen, was soll ich nur machen? Was werden Sie tun, Dr. Schoch?‹ ›Ich habe das Schreiben in meinen Papierkorb geworfen‹, erwiderte ich.«*[1] Die Entscheidung, Hitler-Deutschland zu verlassen, erlebt die 40-Jährige als alternativlos. Sie verkauft ihre Möbel, lässt sich eine Lebensversicherung auszahlen und schifft sich ohne berufliche Perspektive und in dem Wissen, ihre hochbetagte Mutter nie wiederzusehen, von Hamburg nach New York ein.

1897 in Würzburg geboren, wächst sie mit drei Geschwistern auf. Der Vater liest mit den Kindern den *Faust*, die Mutter *Die Waffen nieder* der österreichischen Friedensaktivistin Bertha von Suttner. Theater- und Konzertbesuche sind für die bildungsbürgerliche Familie selbstverständlich. Die Mutter kämpft für das Frauenwahlrecht und setzt sich für eine Liberalisierung des Schulwesens ein, weshalb ihre Tochter die fortschrittliche Sophienschule besucht. Dort werden Mädchen auf das Abitur vorbereitet, das sie extern an einem Jungengymnasium ablegen müssen. 1916 ist Magdalene Schoch eine von acht Schülerinnen, die die Reifeprüfung schaffen – trotz schwerer familiärer Belastungen: Nach der Insolvenz seines Tuchgeschäfts begeht der Vater 1914 Suizid, der geliebte Bruder fällt im Krieg. Die verarmte Witwe muss ihre Töchter als Pensionswirtin durchbringen. Ihre Stärke nimmt sich die älteste Tochter zum Vorbild, die sich zeitlebens für ihre Familie und Freunde engagiert – und politisch denkt. *»Als Tochter einer Mutter, die ihrer Zeit weit voraus war, wurde ich im Alter von 12 Jahren zur Frauenrechtlerin, als ich ihr dabei half, einen Verband für Frauenwahlrecht in unserem kleinen, sehr konservativen Heimatort zu organisieren.«*[2]

1916 immatrikuliert sich Magdalene Schoch für Rechtswissenschaften an der Universität Würzburg, da ihr ein Medizinstudium bei begrenzten Finanzmitteln zu lange dauert. Schon in der ersten Vorlesung zeigt sich ihre Sonderrolle, als der Ordinarius die Studenten mit *»Meine Herren«* begrüßt, um sich dann widerwillig in *»Meine Herren, meine Dame«*[3] zu verbessern. Neben Jura hört sie englische und amerikanische Literatur, Philosophie und Kunstgeschichte. *»Die Jurisprudenz musste es sich gefallen lassen, nicht nur die Philologie, sondern auch ein intensives Werkstudententum als Nebenbuhler zu haben – was sicher nicht immer von Vorteil für die Examenskenntnisse war, aber für die allgemein-menschliche Ausbildung viel bedeutete«*[4], erinnert sie sich.

Im männlich geprägten Kaiserreich ist es unvorstellbar, dass eine Frau über einen Mann zu Gericht sitzt

Die Berufswege für Juristinnen etablieren sich in den Zwanzigerjahren in Deutschland langsam. Seit 1922 sind Frauen zum juristischen Vorbereitungsdienst und zum zweiten Staatsexamen zugelassen, da die Weimarer Reichsverfassung die Zulassung aller Staatsbürger für öffentliche Ämter vorsieht. Mit der Möglichkeit, nicht nur Jura zu studieren, sondern auch Anwältin, Richterin oder Verbandsjuristin werden zu können, erfüllen sich wesentliche Forderungen der Frauenbewegung und des Deutschen Juristinnen-Vereins, auch wenn in der Praxis weiterhin Hürden zu überwinden sind. Seit der Diskussion um das geplante Bürgerliche Gesetzbuch (BGB) – das 1900 in Kraft tritt – hatten Frauen für mehr Rechte, vor allem im Familienrecht, und für einen Zugang zu juristischen Berufen gekämpft.

Im männlich geprägten Kaiserreich war es allerdings unvorstellbar, dass eine Frau über einen Mann zu Gericht sitzt und ihn gar verurteilen sollte. Vordergründig wurden gängige Geschlechtsstereotypen ins Feld geführt, wonach Frauen wegen ihrer Labilität, Sprunghaftigkeit und Konstitution nicht zu logisch-abstraktem Denken fähig seien und deshalb weder strittige Sachverhalte lösen noch im Rechtsstreit vermitteln könnten. Tatsächlich aber ging es um das Bewahren prestigeträchtiger Positionen, um Macht und Einfluss und damit um Angst vor weiblicher Konkurrenz. »[...] die Ursachen lagen viel tiefer, nämlich in der Aufrechterhaltung der Statusinteressen der Juristenschaft auf der einen Seite und der Tatsache, dass man sich Frauen vor allem im Staatsdienst und Machtpositionen nicht vorstellen konnte«[5], fasst Marion Röwekamp zusammen, die das Standardwerk über die ersten Juristinnen in Deutschland geschrieben hat und deren steinige Karrierewege nachzeichnet.

Das juristische Establishment hält lange an Geschlechterklischees fest. Wie viele Juristinnen es in der Weimarer Republik gab, lässt sich schwer ermitteln. 1933 arbeiten rund 25 Richterinnen, 80 Anwältinnen und 224 Assessorinnen, schätzt Marion Röwekamp. In dem Ausmaß wie sich die Sozialarbeit professionalisiert, arbeiten Juristinnen in der klassischen Wohlfahrtspflege, wo sie sich um arme Familien, vernachlässigte Kinder und straffällige Jugendliche kümmern. So wählen Juristinnen häufig Rechtsgebiete wie Sozial- und Familienrecht, die ihren »weiblich zugeordneten Fähigkeiten« wie Fürsorge und Empathie am nächsten kommen und bei männlichen Juristen wenig angesehen und schlecht bezahlt sind. Einige der ersten Juristinnen kämpfen als Abgeordnete, Richterinnen und Anwältinnen für die Gleichberechtigung der Frau insbesondere im Ehe- und Familienrecht und legen damit die Basis für die Rechtsentwicklung nach 1945. Viele Pionierinnen gründen Interessenvertretungen wie 1914 den Deutschen Juristinnen-Verein oder übernehmen verantwortungsbewusst Ämter in international vernetzten Frauenorganisationen. Mit der »Machtergreifung« 1933 werden überwunden geglaubte Rollenklischees neu aufgelegt und Juristinnen aus dem Berufsleben verdrängt.

Als Völkerrechtlerin und Spezialistin im Internationalen Privatrecht gehört Magdalene Schoch zu den gesellschaftspolitisch geprägten juristischen Pionierinnen. Im Studium faszinieren sie vor allem die Vorlesungen des international renommierten Völkerrechtlers Albrecht Mendelssohn Bartholdy aus der bekannten deutsch-jüdischen Familie. Der musikalisch begabte Enkel Felix Mendelssohn Bartholdys wurde von der Reichsregierung als Mitglied der deutschen Delegation nach Versailles entsandt und spezialisiert sich auf die Ursachenforschung von Kriegen im Rahmen der Friedensforschung. In dem »Bürgerhumanisten«[6] findet Magdalene Schoch einen väterlichen Mentor, an den sie 1928 schreibt: »*Lieber guter Chef, nicht genug, dass ich hier auf Schritt und Tritt Ihre sorgende Hand spüre und mich dank Ihrer schönen Führung und Vorbereitung gar nicht eigentlich fremd fühle – so beschenken Sie mich auch noch [...] mit so vielen guten Gedanken, Wünschen, Nachrichten und Anregungen, dass ich mir wirklich mehr und mehr wie eine Prinzessin vorkomme, die in der Hut eines überaus guten, weisen und mächtigen Zauberers ein überaus verwöhntes Leben führt.*«[7] 1920 wird Magdalene Schoch nach acht Semestern Studium mit einer Arbeit über englische Kriegsgesetzgebung bei AMB – wie er genannt wird – promoviert und wechselt mit ihm an die neugegründete Hamburgische Universität. »*Als er den Ruf nach Hamburg annahm, bot er mir die Stelle als seine Assistentin an. Dies öffnete mir den Zugang zu einer völlig neuen Welt.*«[8]

Nach anfänglichem Heimweh wird Hamburg zur Heimat. 1923 eröffnet das gemeinsam von der Stadt sowie privaten Geldgebern wie dem Bankier Max Warburg gegründete Institut für Auswärtige Politik, eines

der weltweit ersten Friedensforschungsinstitute, das die wissenschaftlichen Grundlagen für eine friedliche wie demokratische Außenpolitik
liefern soll. Gründungsdirektor wird AMB, der als Friedensforscher und
als Spezialist für anglo-amerikanisches Recht zu den führenden Juristen
der Weimarer Republik gehört. 1925 ernennt ihn die Reichsregierung
zum ersten deutschen Richter am Internationalen Schiedsgerichtshof
in Den Haag, 1931 entsendet sie ihn als deutschen Delegierten zum
Völkerbund. Je gefragter der Jurist wird, desto mehr überlässt er seiner
Assistentin. Beide entwickeln eine sehr enge, auf Vertrauen und Humor
gegründete Arbeitsbeziehung. »Im Rückblick repräsentieren beide die
demokratische Chance von Weimar wie die frühe Blütezeit der Hamburger Universität. Ihre juristischen Arbeiten waren historisch-politisch
reflektiert; fachlich auf höchstem Niveau zielten sie stets auf internationalen Austausch und Verständigung«[9], so der Historiker Rainer
Nicolaysen.

Magdalene Schoch hält Vorlesungen in anglo-amerikanischem
Recht, betreut Dissertationen und verfasst Gutachten, übersetzt
Fachtexte in verschiedene Sprachen und engagiert sich in ihrer Freizeit
für das Institut für Auswärtige Politik, das Mendelssohn-Institut genannt wird. Parallel gibt sie eine kritische Edition der Haager Schieds-

Magdalene Schoch im Hamburger Institut, 1920er-Jahre

sprüche zum Dawes-Plan heraus und habilitiert sich 1932 als erste Juristin in Deutschland mit dem Thema »Klagbarkeit, Prozeßanspruch und
Beweis im Licht des internationalen Rechts«. »Wäre ihre Publikations-
tätigkeit so fortgesetzt worden, wie sie in den frühen dreißiger Jahren
begonnen hatte, wäre Frau Schoch wohl bald zu einer der Großen ihres
Fachs geworden«[10], bewertet der Jurist Stefan Oeter ihre Habilitation.

Geprägt von der Erfahrung des Weltkriegs sieht sie allein in der
Völkerverständigung ein Mittel für dauerhaften Frieden, wie es der Völkerbund gewährleistet. Eine besondere Rolle als Friedensgarant spielen
für sie die USA. 1929 zählt Magdalene Schoch zu den Gründungsmitglie-
dern der Gesellschaft der Freunde der Vereinigten Staaten. Die Juristin
gibt die zweisprachige *Hamburg-Amerika-Post* heraus und übernimmt
die Leitung der Amerika-Bibliothek, die sich auf amerikanische Rechts-
literatur spezialisiert. Fast scheint es, als wäre sie in diesen Jahren rund
um die Uhr tätig gewesen. Sie selbst spricht von der »*Mannigfaltigkeit
meiner Arbeitstage und -nächte*«[11].

Außerdem fungiert sie als Gründungspräsidentin des ersten deutschen Zonta-Clubs, der sich für die Gleichberechtigung von Frauen
sowie für die Völkerverständigung einsetzt, für bessere Ausbildungs-
und Berufschancen für Frauen kämpft und soziale Projekte unterstützt.
Der Hamburger Club entsteht 1931 auf Initiative der Amerikanerin
Elisabeth Scott, die sich von dem Chefredakteur der größten Zeitung
Hamburgs eine Liste erfolgreicher Frauen der Hansestadt vorlegen
lässt. Nach amerikanischem Vorbild wird in Hamburg der erste Zonta-
Club Deutschlands für Frauen in leitenden und verantwortungsvollen
Positionen gegründet – ein weibliches Pendant zu den Rotariern.

Der erste deutsche Zonta-Club entsteht 1931 – seine Gründungspräsidentin Magdalene Schoch bleibt den Zonta-Ideen lebenslang treu

»Die Frauen, die sich in dieser Zeit im Zonta-Club zusammenschlossen,
wollten ihre Situation verbessern, den Gedankenaustausch aus der Vielfalt ihrer beruflichen Erfahrungen heraus pflegen und sich dabei des

freundschaftlichen Zusammenhalts und der Loyalität bewusst sein«[12], fasst Traute Hoffmann zusammen, die die Geschichte der ersten Clubmitglieder recherchiert hat. Zu den ersten Frauen zählen Schauspielerinnen, Politikerinnen, Ärztinnen und Geschäftsfrauen: die Kunstmäzenin Ida Dehmel gehört dem Club ebenso an wie die avantgardistische Malerin Alma del Banco, die Reederin Lucy Borchard oder die stellvertretende Direktorin der Kulturwissenschaftlichen Bibliothek Warburg, Gertrud Bing, der es mit ihren Kollegen gelingt, die einmalige Institution vor den Nationalsozialisten nach London zu retten. Magdalene Schoch bleibt der Zonta-Idee zeitlebens treu.

Die »Machtergreifung« 1933 zerstört in Wochen die Arbeit vieler Jahre. Aufgrund des »Gesetzes zur Wiederherstellung des Berufsbeamtentums« sind Ende des Jahres ein Fünftel der Lehrenden entlassen – unter ihnen Mendelssohn Bartholdy, der nach England flieht. Als seine Vertraute gilt Magdalene Schoch als gefährdet und zieht sich aus dem Institut für Auswärtige Politik zurück, das in die NS-Politik des Auswärtigen Amts einbezogen wird. Die renommierten Zeitschriften *Europäische Gespräche* und *Hamburg-Amerika-Post* erscheinen nicht mehr, die Gesellschaft der Freunde der Vereinigten Staaten löst sich auf. Die Zonta-Clubmitglieder treffen sich »streng geheim nur noch im privaten Bereich«[13], um sich von ihren jüdischen Mitgliedern nicht trennen zu müssen. In dieser brisanten Situation gelingt es Magdalene Schoch, 1934 als Rockefeller-Stipendiatin das Jahr in den USA zu verbringen, wo sie wertvolle Kontakte zu bekannten amerikanischen Juristen knüpft.

Gestärkt von ihren positiven USA-Erlebnissen, verweigert sie sich nach ihrer Rückkehr dem zunehmenden Druck der »gleichgeschalteten« Hochschule und ist nicht bereit, ihre amerikanischen Kontakte zu lösen, mit jüdischen Freunden zu brechen, den Hitlergruß auszuführen oder in die NSDAP einzutreten. Damit gehört sie zu den Ausnahmepersönlichkeiten im »Dritten Reich«, während sich die Mehrheit ihrer Fakultätskollegen opportunistisch dem NS-Regime unterordnet. »In der Universität wurde Magdalene Schoch zunehmend isoliert; auch der Kontakt zu den zum Teil radikalisierten Studierenden geriet immer schwieriger«[14], so Rainer Nicolaysen. Als der Dekan sie 1936 daran hindern möchte, zur Beerdigung des hochverehrten AMB nach Oxford zu

reisen, wird deutlich, dass sie sich nicht länger arrangieren kann. *»Ich erklärte ihm, dass ich daran nicht interessiert sei, und bat ihn, meine Vorlesungen der nächsten Wochen abzusagen.«*[15]

Mit dieser couragierten Haltung hat sie nach der Reichshabilitationsordnung von 1934 jede Chance auf eine Professur verwirkt und beschließt, in die USA auszuwandern. Die Mutter tröstet sie: *»›Hamburg ist nicht weit von Amerika‹ hat schon der Großvater gesagt; und in der Tat*

Magdalene Schoch und Albrecht Mendelssohn Bartholdy
in Hamburg, 1920er-Jahre

hat die Zeit in Hamburg, besonders die letzte Hälfte, mich immer mehr auf Amerika zugeführt. Als ich zum ersten Mal nach Hamburg fuhr, hatte ich zwar eine feste Stelle, aber ich reiste in ein unbekanntes Land, ich hatte dort keine Freunde, ich besass keine Berufserfahrung. Und so hatte ich anfangs auch schreckliches Heimweh, fühlte mich sehr einsam. Das alles war anders, als ich mich in die Neue Welt aufmachte.«[16]

Obgleich sie als renommierte Rechtsexpertin gilt, die perfekt Englisch spricht, gestalten sich die ersten Jahre in den USA schwierig. Da viele emigrierte Juristen auf den Arbeitsmarkt strömen, hält sie sich mit schlecht bezahlten Lehraufträgen an der Harvard Law School über Wasser – und gewinnt Abstand beim Faltbootfahren und Wandern. Nachdem sie während des Krieges die USA als Sachverständige für deutsches Recht unterstützt hat und eingebürgert wurde, arbeitet sie ab 1946 als Gutachterin für internationales Recht im Justizministerium, steigt dort zur Abteilungsleiterin auf und verteidigt vor dem Supreme Court hochkarätige Fälle. Nach ihrer Pensionierung 1966 berät sie Klienten im ausländischen und internationalen Recht und kämpft für die Gleichberechtigung von Frauen und Afroamerikanern.

Deutschland meidet sie. Als ihr die Universität Hamburg nach 1945 eine Lehrtätigkeit anbietet, lehnt sie ab. *»Ich antwortete, dass ich nie wieder einen Fuß in diese Institution setzen würde.«*[17] Allerdings organisiert sie 1946 ein International Relations Dinner mit mehr als hundert Zontians, denen sie die Situation deutscher Familien so eindrucksvoll schildert, dass *»zahlreiche Care-Pakete«* ihren Weg nach Hamburg finden. 1950 finanziert sie ihrem Neffen Lennie Cujé die Emigration. Später holt sie ihre Schwester mit drei weiteren Kindern zu sich nach Arlington, Virginia, nahe Washington, wo alle in einem Haus zusammenleben. Ein Bild zeigt sie als fröhliches *»Familienoberhaupt«*.

1958 stellt sie einen Antrag auf *»Wiedergutmachung«*, der abgelehnt wird, da das zuständige Amt eine politische Verfolgung nicht anerkennt und davon ausgeht, dass Magdalene Schoch in Deutschland nie Professorin geworden wäre. Erst eine Klage beim Hamburger Landgericht führt zu einer angemessenen Pension. In den Sechzigerjahren reist sie öfter nach Hamburg, wo sie Freunde und Familie trifft. Sie stirbt 1987 nach einer Alzheimer-Erkrankung in den USA.

Erst 1989 wird Rainer Nicolaysen, heute Leiter der Hamburger Arbeitsstelle für Universitätsgeschichte, bei den Vorbereitungen für die Ausstellung »Enge Zeit – Spuren Vertriebener und Verfolgter der Hamburger Universität« auf Magdalene Schoch aufmerksam, die an der juristischen Fakultät der Universität Hamburg jahrzehntelang in Vergessenheit geraten ist. Hierfür machen Ulrike Lembke und Dana-Sophia Valentiner auch eine lange »nahezu absolute Verweigerungshaltung« der Hamburger Rechtswissenschaft verantwortlich, sich mit dem »dunklen Kapitel der Fakultätsgeschichte«[18] auseinanderzusetzen. Die Bremer Juristin Konstanze Plett würdigt Magdalene Schoch erstmals 1998 in einem biografischen Essay für den Band *Juristinnen in Deutschland*. Als Rainer Nicolaysen sich 2005/06 in verschiedenen Archiven auf Spurensuche begibt, Magdalene Schochs Neffen Lennie Cujé ausfindig macht und den Nachlass in ihrem Haus in Arlington sichtet, entsteht ein klarer konturiertes Lebensbild der mutigen Juristin.

Im Zuge der Benennung von Hörsälen im historischen Hauptgebäude der Hamburger Universität 2006 erhält ein Saal ihren Namen. Die Gleichstellungsbeauftragte der Fakultät für Rechtswissenschaften vergibt einen Magdalene-Schoch-Preis für herausragende wissenschaftliche Arbeiten von Studentinnen. Mit dem Magdalene-Schoch-Mentoring für Nachwuchswissenschaftlerinnen sollen Juristinnen der Hamburger Universität ermutigt werden, sich zu habilitieren. Inzwischen erinnert die Universität Hamburg umfänglich an die vertriebene Juristin, der es gelungen ist, in den USA ihre brillante Karriere fortzusetzen und ihre Menschlichkeit zu bewahren.

Tür zum Magdalene Schoch Hörsaal der Universität Hamburg

1893–1973

Die österreichische
Mathematikerin
und Universitäts-
dozentin

Hilda Geiringer

*»Ich muss wissenschaftlich arbeiten,
auch neben meiner Hochschultätigkeit [...],
es ist eines der wichtigsten Bedürfnisse
in meinem Leben.«*

»Ich muss wissenschaftlich arbeiten, auch neben meiner Hochschultätigkeit. Es ist mir eine Notwendigkeit; seit meiner Studienzeit habe ich
nie damit aufgehört, es ist eines der wichtigsten Bedürfnisse in meinem
Leben«[19], schreibt die Wiener Mathematikerin Hilda Geiringer 1953 an
den Präsidenten des Wheaton-Frauencollege in Massachusetts. Dort
unterrichtet sie seit neun Jahren Mathematik. Zufrieden ist die beliebte
Dozentin nicht. Denn nur »wenige Studentinnen [sind] wissenschaftlich
oder auch nur beruflich interessiert«, klagt sie in einem Brief an den Phy-

siker Albert Einstein, den sie bittet, ihr bei der Stellensuche zu helfen. Seit ihrer Emigration in die USA bemüht sich die Habilitierte um eine Professur. Doch als Frau und Jüdin hat sie im Amerika der Fünfzigerjahre kaum Chancen. »*Ich bin sicher, unser Präsident würde eine Frau nicht gutheißen. Wir haben hier einige Kolleginnen, es geht also nicht um Vorurteile. Allerdings ziehen wir durchaus eine männliche Besetzung vor, wenn sich dadurch die Einstellung weiterer Frauen verhindern lässt*«[20], wird ihr freundlich abgesagt.

Als Wissenschaftlerin gehörte Hilda Geiringer schon im deutschsprachigen Raum zu den absoluten Ausnahmen. Mathematik gilt als Männerdomäne. Die Mehrheit der Gesellschaft hält Frauen emotional für zu instabil, um abstrakt und logisch zu denken, geschweige denn, um Mathematik zu studieren. Der Leipziger Psychiater Paul Julius Möbius bedient in seiner Schrift »*Über die Anlage zur Mathematik*« gängige Klischees: »*Man kann also sagen, daß ein mathematisches Weib wider die Natur sei, in gewisser Weise ein Zwitter.*«[21] Die ersten Studentinnen lassen sich hiervon nicht beirren. Mathematik erfreut sich – trotz schlechter Wissensvermittlung in der Schule – großer Beliebtheit zu Beginn des 20. Jahrhunderts, eröffnet das Fach doch neue Berufschancen als Lehrerinnen an höheren Mädchenschulen, in der Versicherungsbranche und in der Industrieforschung.

Außerdem begrüßt eine Reihe renommierter, progressiver Mathematik-Professoren das Frauenstudium. So schildert der Göttinger Ordinarius Felix Klein 1896 seine positiven Erfahrungen mit ausländischen Studentinnen: »*[...] daß beispielsweise in diesem Semester nicht weniger als sechs Damen an unseren höheren mathematischen Kursen und Übungen teilnahmen und sich dabei fortgesetzt ihren männlichen Konkurrenten in jeder Hinsicht gleichwertig erwiesen*«[22]. Im 19. Jahrhundert entwickelt sich Göttingen zum Mekka des Fachs, das früh das Potenzial von Frauen erkennt. Schon 1874 promoviert hier die Russin Sofja Kowalewskaja, die als Europas erste Mathematikprofessorin an der Stockholmer Universität lehrt. Die Ausnahmemathematikerin Emmy Noether habilitiert 1919 in Göttingen als erste Frau in diesem Fach in Deutschland.

Neben Göttingen avanciert Wien im späten 19. Jahrhundert zu einem Zentrum der Mathematik, wo nach der Gründung des Mathematischen Seminars so berühmte Gelehrte wie Ludwig Boltzmann, Wilhelm Wirtinger und Franz Mertens lehren und enge Beziehungen zu Göttingen gepflegt werden. Am Mathematischen Seminar herrscht ein frauenfreundliches Klima, zwischen 1895 und 1915 promovieren dort acht Frauen. Die jüdische Kaufmannstochter Hilda Geiringer immatrikuliert sich 1913 für Mathematik und Physik in ihrer Heimatstadt Wien, hört bei Wilhelm Wirtinger, einem Schüler Kleins, und besucht Vorlesungen bei dem Philosophen und Physiker Ernst Mach und dem Mediziner Sigmund Freud.

Schon früh fällt in der Familie das mathematische Talent der Tochter auf. Ihr jüngerer Bruder Karl erinnert sich: *»Geduldig half sie mir bei den Hausaufgaben und vor allem bei meinen Problemen in Mathematik.«*[23] Die Eltern schicken ihre einzige Tochter deshalb auf das progressive private Mädchenrealgymnasium der Reformpädagogin Genia Schwarzwald, das sich an den Ideen Maria Montessoris orientiert und Kreativität und Fantasie fördert. In Österreich ist die Schwarzwald-Schule das einzige Gymnasium, das Mädchen zur Matura führt. Die Intellektuelle Genia Schwarzwald lädt in ihren Salon, wo der Maler Oskar Kokoschka ebenso zu Gast ist wie der Musiker Arnold Schönberg und der Dichter Rainer Maria Rilke. Als eine der ersten Österreicherinnen hatte sie 1900 in Zürich promoviert. Ihr Freigeist und Mut prägen den unkonventionellen Lebensweg ihrer Schülerin.

Während des Studiums im Ersten Weltkrieg engagiert sich Hilda Geiringer in der zionistischen Jugendbewegung, die von der Psychoanalyse Freuds beeinflusst ist, kümmert sich um jüdische Flüchtlingskinder und hält im Akademischen Frauenverein Vorträge über das Frauenstudium. Trotz ihres vielfältigen Engagements gelingt es ihr 1917, ihre Dissertation *»Über trigonometrische Doppelreihen«* bei Wirtinger einzureichen, der ihr in Berlin eine Stelle als Redaktionsassistentin beim *Jahrbuch über die Fortschritte der Mathematik* verschafft.

Für kurze Zeit sieht es so aus, als würde Geiringer wie viele Mathematikerinnen Lehrerin werden. Denn schon 1919 tauscht sie ihre Redaktionsarbeit gegen ein innovatives Vorhaben in Wien ein, wo sie sich als Pädagogin im Reformprojekt »Kinderheim Baumgarten« des visionären jüdischen Psychoanalytikers Siegfried Bernfeld engagiert. Dieser

will das Trauma jüdischer Kriegswaisen durch eine lebendige Gemeinschaft und eine psychoanalytische Reformpädagogik heilen. Parallel
gibt sie Kurse an der Volkshochschule, die sie anregen, 1922 ihr Buch
Die Gedankenwelt der Mathematik für ein breiteres Publikum zu verfas-
sen. 1921 kehrt Hilda Geiringer in das pulsierende Berlin zurück, wo sie
Assistentin am neu gegründeten Institut für Angewandte Mathematik
der Berliner Universität wird, das von dem charismatischen Österreicher Richard von Mises geleitet wird; »eine außerordentlich gute Position für eine Frau in jenen Jahren«[24], beurteilt die Wissenschaftshistorikerin Annette Vogt.

1921 erhält Hilda Geiringer eine Anstellung am Institut für Angewandte Mathematik der Berliner Universität

Sie taucht in einen Kreis österreichischer Naturwissenschaftler ein, zu
dem ihre Wiener Freundin Gerda Laski ebenso gehört wie die Physiker-
Kollegin Lise Meitner und der Mathematiker Felix Pollaczek. Hals über
Kopf verliebt sie sich in ihn und bekommt 1922 eine Tochter. »*Im Jahre
1921 heiratete ich Felix Pollaczek, ein ausgezeichneter Mathematiker. Ich
will von unserer persönlichen Beziehung hier nicht sprechen, weil es zu
kompliziert ist. Noch 1922, aber spätestens 1923, ließ ich mich von Felix
scheiden, da ich Mises lieber hatte als ihn. Von 1923 an war ich Mises
sehr nahe und sowohl Gerda als auch die Wiener Freundinnen traten in
den Hintergrund. Doch liebte ich ihn sicher mehr als er mich*«[25], wird in
Hilda Geiringers Memoiren eine wahrscheinlich komplizierte Liebesgeschichte angedeutet.

Die Wienerin wendet sich unter dem Einfluss ihres Lehrers der angewandten Mathematik zu, die an der Universität damals wenig Anse-
hen genießt. Freiwillig scheint die Abkehr von der reinen Mathematik
indessen nicht gewesen zu sein. »*Mises teilte mir gleich mit, ich könnte
nicht damit rechnen, mich zu habilitieren. Er wünschte dringend, daß ich
mich der ›angewandten‹ Mathematik zuwende, meinte, dann könne er mir
wissenschaftliche Anregungen geben.*«[26] Die Liebesbeziehung mit ihrem

Vorgesetzten verläuft mitunter spannungsreich. Oft gibt der Mathematiker und Testpilot aus wohlhabender jüdischer Familie seiner selbstkri-
tischen Freundin das Gefühl, den wissenschaftlichen Ansprüchen nicht
zu entsprechen. Dennoch schafft es die alleinerziehende Wissenschaftlerin, sich zu habilitieren. »Es war ihre Liebe zu von Mises genauso wie
die zur Mathematik, die Hilda Geiringer dazu befähigte, die meisten
Probleme zu bewältigen [...] und in der angewandten Mathematik eine
der wichtigsten Personen dieses Jahrhunderts zu werden«[27], interpretiert Reinhard Siegmund-Schultze ihre Leistung. Die Fakultät nimmt
die Habilitationsschrift kontrovers auf, da die angewandte Mathematik
sich als eigenständiges Fachgebiet erst etablieren muss. Nach zweijäh-
riger Debatte wird Hilda Geiringer 1927 zur ersten Privatdozentin für
angewandte Mathematik in Deutschland ernannt – als zweite Frau nach
Emmy Noether.

In Berlin entwickelt Geiringer die nach ihr benannten Gleichungen
und veröffentlicht Arbeiten zur Wahrscheinlichkeitstheorie und Geo-
metrie. Die nationalsozialistische »Machtergreifung« 1933 beendet
eine vielversprechende Karriere: Obwohl Österreicherin, verliert sie
aufgrund des sogenannten Gesetzes zur Wiederherstellung des Berufs-

Nach der Emigration verbringt Hilda Geiringer
in Istanbul glückliche Jahre.

beamtentums ihre Stelle und emigriert nach Brüssel. Ein Jahr später kommt sie zu von Mises an das Institut für Reine und Angewandte Mathematik der Universität Istanbul, das er als Direktor leitet. Die Türkei unter Staatsgründer Kemal Atatürk entwickelt sich zum Fluchtpunkt für rund 650 deutschsprachige Akademiker, die in ihrer Heimat verfolgt werden und am Aufbau der jungen laizistischen Republik beteiligt sind. Viele Exilanten leisten Pionierarbeit in Kliniken, Laboren, Bibliotheken und der Sternwarte und tragen wesentlich zur Modernisierung des osmanischen Staates bei.

Die meisten Wissenschaftler unterrichten – in gut dotierten Stellen – an der 1933 gegründeten Istanbuler Universität, wo es in den Naturwissenschaften und in der Mathematik an Grundlagen fehlt. Angewandte Mathematiker wie Richard von Mises, William Prager und Hilda Geiringer prägen eine Generation von türkischen Ingenieuren und Naturwissenschaftlern, die sie in das unbekannte Fachgebiet einführen. Für Emigrantinnen bieten sich ungeahnte Chancen: Die Erfinderin der Einbauküche, Margarete Schütte-Lihotzky, entwirft ein in der Architekturgeschichte richtungsweisendes Mädchengymnasium im Pavillonstil; die Dermatologin Berta Ottenstein leitet in Istanbul zwei klinische Labore. Hilda Geiringer entwickelt innovative mathematische Wahrscheinlichkeitsberechnungen für die Mendelschen Gesetze, die um 1900 wiederentdeckt werden. »Gewiss war sie eine Pionierin im Bereich der angewandten Wahrscheinlichkeitstheorie für die Mendel'schen Gesetze, einer Forschung, für die sie sich während ihrer Zeit in der Türkei zu interessieren begann«[28], bewerten die Mathematiker Eden und Irzik Geiringers Engagement. In der internationalen Atmosphäre Istanbuls verbringt Hilda Geiringer glückliche Jahre. Ihre Tochter geht auf die französische Schule, sie selbst lehrt auf Französisch, später sogar auf Türkisch.

Ein Empfehlungsschreiben an das Ministerium für Erziehung fasst ihre Verdienste zusammen: »Dementsprechend übernahm Frau Dr. Geiringer den Großteil des mathematischen Unterrichts. Ohne sie wäre ein reibungsloses Fortführen des Lehrprogramms nicht möglich gewesen.«[29] Dennoch verlängert das Ministerium nach Atatürks Tod den Vertrag 1938 nicht, worauf von Mises aus Protest an die renommierte

Harvard University in den USA wechselt. Nach einer dramatischen Flucht kommt Geiringer als schlecht bezahlte und befristet angestellte Lehrkraft am Bryn Mawr College unter. Ab 1944 unterrichtet sie als Dozentin am Wheaton College und genießt das Zusammenleben mit Richard von Mises in einem weitläufigen Haus in Cambridge. Nach fast zwanzig Jahren hatten die beiden schließlich geheiratet.

Im Vergleich zu jüngeren Kolleginnen, wie beispielsweise der Zahlentheoretikerin Olga Taussky-Todd, die ebenfalls in die USA emigrieren musste, ordnet Hilda Geiringer sich den Interessen ihres bewunderten Mannes unter. Nach seinem Tod 1953 resümiert sie: »*Ich war ja eben nicht im Wesentlichen Lehrerin in Wheaton, sondern auch oder wesentlich seine Frau, seine Gefährtin, und das bestimmte weitgehend, geistig, sozial, finanziell mein Leben.*«[30] Sie widmet sich der Herausgabe seines Nachlasses und erreicht, dass ihr die Freie Universität Berlin infolge der sogenannten Wiedergutmachung eine kleine Pension zahlt, weshalb sie ihre ungeliebte Tätigkeit am Wheaton College aufgeben kann. Gemeinsam mit ihren drei Brüdern, die sich ebenfalls vor den NS-Verfolgungen in die USA retten konnten, unternimmt sie ausgedehnte Reisen, die auch nach Europa führen. 1973 stirbt sie bei ihrem Bruder Karl, einem bekannten Musikhistoriker, in Santa Barbara. Bis heute steht Hilda Geiringer im Schatten ihres Mannes. Die Humboldt-Universität erinnert mit einem Female Visiting Programm und einer Vortragsreihe an die Mathematikerin. »Sie gehörte zu den wenigen Frauen, die in der ersten Hälfte des 20. Jahrhunderts in die Phalanx der Männer eindringen und eine Wissenschaftlerlaufbahn einschlagen konnten, deren Leben und Werk aber danach vergessen wurde und bis heute nahezu unbekannt geblieben ist«[31], so die Wissenschaftshistorikerin Annette Vogt.

1906–1994

Die Schweizer
Theologin und erste
Pfarrerin Europas

Greti Caprez-Roffler

*»Nun gibt es wohl nichts anderes
mehr als hindurch, und wenn es auch noch
so schwer werden sollte.«*

Ausgerechnet Furna. Ein 200-Seelen-Bergdorf im Schweizer Kanton
Graubünden, ohne Strom, fließendes Wasser, dafür mit Schulhaus und
einer Kirche ohne Pfarrer. Obgleich Frauen in den Schweizer evangelischen Landeskirchen nicht das volle Pfarramt ausüben können, entscheiden sich die Furner 1931 zu einem mutigen Schritt: Sie wählen die
25-jährige Theologin Greti Caprez-Roffler auf Empfehlung ihrer Mutter
gegen den Widerstand der Kantonalkirche zur Pfarrerin. Über Monate
hatte die Gemeinde einen Pfarrer gesucht, der für ein schlechtes Gehalt
in ein abgelegenes Dorf zieht. In ihren Erinnerungen beschreibt Greti

Caprez-Roffler ihre Ambivalenz, die die Wahl auslöst: »*Nun gibt es wohl nichts anderes mehr als hindurch, und wenn es auch noch so schwer werden sollte.*«[32]

Die Theologin liebt Furna, das ihr von den Großeltern her vertraut ist und wo sie jeden persönlich kennt. Greti Roffler kommt 1906 in Graubünden zur Welt. Der Vater, ein Pfarrer, führt zu Hause ein strenges Regiment, unterstützt jedoch den Studienwunsch seiner Tochter. Nach dem Abitur studiert sie Altphilologie in Zürich und wechselt nach kurzer Zeit an die theologische Fakultät. »*Die trockene Wissenschaft der alten Sprachen, das doch immer noch mühsame Übersetzen wurde meinem lebenswarmen und lebenshungrigen Herzen immer langweiliger*«[33], schreibt sie dem Vater Josias Roffler, der den Berufswunsch seiner Tochter, Pastorin zu werden, gutheißt. Dankbar für den Studienfachwechsel formuliert er: »*Dass es Gottes Führung ist, das ersehe ich daraus, wie Greti zur Theologie geführt worden ist ohne jeden äußeren Druck u. das sehe ich daraus, dass die Gemeinde Furna ganz aus sich heraus die Wahl getroffen hat.*«[34]

Je nach evangelischer Fakultät können sich Frauen im deutschsprachigen Raum mit Beginn des 20. Jahrhunderts für evangelische Theologie einschreiben. Erst Mitte der Sechzigerjahre – in einigen Landeskirchen später – werden Frauen zum Vikariat zugelassen und dürfen als gleichberechtigte Pastorinnen Gemeinden betreuen und Sakramente spenden. Die reformierten Kirchen erweisen sich bei der Frauenordination liberaler als die lutherischen. Einige reformierte Landeskirchen erlauben Frauen offiziell mit der Synodenvorlage von 1931 eine Tätigkeit als schlecht bezahlte Pfarrhelferin. Die ersten Schweizer Theologiestudentinnen Rosa Gutknecht und Elise Pfister legen 1917/18 ihr Examen an der theologischen Fakultät der Universität Zürich ab und werden als erste Frauen schweizweit ordiniert. Beide arbeiten als Pfarrhelferinnen, da ihnen das volle Pfarramt versagt bleibt. Die deutsche Theologiestudentin Carola Barth promoviert 1907 als erste Frau in Deutschland in Theologie. Pastorin wird sie allerdings nie, sondern wechselt ins Lehramt und gründet die Christlich-Demokratische Partei (CDU) mit.

1928 stimmt der Kirchenrat der Zulassung von Frauen zum Pfarramt zu, jedoch nur unter der Auflage des Zölibats

Um die Jahrhundertwende kommt es mit der Professionalisierung der Sozialarbeit auch in der katholischen Kirche zur Gründung von katholischen Frauenverbänden wie des »Katholischen Frauenbundes« oder des »Sozialdienstes katholischer Frauen«, die sich für eine verbesserte Mädchenbildung einsetzen und Heime für ledige Mütter und Waisen gründen. Die Priesterweihe können Frauen in der römisch-katholischen Kirche – anders als bei den Altkatholiken – bis heute nicht empfangen. Damit erweist sich die Theologie als *das* Fach, in dem Frauen am nachhaltigsten um Gleichberechtigung ringen müssen. Über Jahrhunderte tradierte Wertevorstellungen sind hier wirkungsmächtig: Nur der Mann darf Gottes Wort verkünden, während die Frau sich als Pfarrfrau ehrenamtlich um Gemeindebelange kümmern soll.

Als Josias Roffler 1927 den Antrag stellt, seine Tochter zu den theologischen Prüfungen der Bündner Kirche zuzulassen und in die Synode aufzunehmen, damit sie Pfarrerin werden kann, bricht ein Sturm der Entrüstung los. Der Kirchenrat, die kantonale kirchliche Exekutive, stimmt zwar 1928 der Frauenordination zu, fügt jedoch die Zölibatsklausel ein: »*Die Frau ist zum vollen Pfarramt zuzulassen, mit der Einschränkung jedoch, dass sie bei der Verheiratung das Amt aufzugeben hat*«[35], heißt es dort. Greti Roffler heiratet 1929 jedoch den Ingenieur Gian Caprez, den sie bei einem Ball der Studierenden aus Graubünden kennengelernt hat. Die anderen kirchlichen Gremien wie Synode, Kleiner und Großer Rat verschleppen daraufhin die Entscheidung der Vorlage »Lex Greti«. Eine verheiratete Pfarrerin liegt jenseits der Vorstellung der Kirchenmänner.

Kurz nach der Heirat schifft sich das Paar nach Brasilien ein, wo Gian Caprez in São Paulo am Polytechnikum arbeitet. Seine Frau lernt für ihr Examen und engagiert sich in der evangelischen deutschen Gemeinde, wo sie predigt und Kindergottesdienste vorbereitet. Begeistert schreibt sie nach Hause: »*Dass ich einen Rock anhabe, das spielt hier*

deshalb keine Rolle, weil sie keine Tradition haben. Deshalb sind hier viel mehr Dinge möglich als drüben.«[36] Das Paar wächst in der Fremde zusammen. Greti Caprez-Roffler schätzt an ihrem »Ehekamerad«, dass er sie gleichberechtigt behandelt. Sein zurückhaltendes, heiteres Wesen gleicht ihre Impulsivität und Strenge aus. »Unsere Liebe wird immer reicher, reifer und grösser. Ich meine oft, nun könne es so nicht weitergehen. Es sei zu reich und zu schön für zwei Menschen auf Erden. Wir sind nur mehr Eines: im Glauben, im Gebet, in unseren Lebensgewohnheiten, in unserer Liebe, es ist alles zu einer großen Harmonie geworden«[37], schreibt sie 1948 nach fast zwanzig Ehejahren.

Furna – die abgelegene Gemeinde im Kanton Graubünden widersetzt sich dem Kirchenrat und stellt Greti Caprez-Roffler als Pfarrerin ein.

Als die politische Lage in Brasilien 1930 nach dem Einbruch der Kaffeepreise und dem Putsch des späteren brasilianischen Präsidenten Getúlio Dornelles Vargas zu kippen droht, kehrt das Paar in die Schweiz zurück, wo die junge Theologin schwanger das Examen ablegt. 1931 tritt sie als »nicht-offizielle« Pfarrerin ihren Dienst in Furna an. Eine Haushälterin kümmert sich um Pfarrhaus und Kind. Unter der Woche arbeitet Gian Caprez in Pontresina und Zürich. Obgleich die Pastorin auf Fotos selbstbewusst wirkt, plagen sie Zweifel, ob sie den ständigen Anfeindungen als erste Pastorin gewachsen ist: *»Wie oft in diesen drei Jahren lag ich dann des morgens, wenn die Kirchenglocken riefen und ich auf die Kanzel steigen sollte, auf den Knien und bat Gott, das Amt von mir zu nehmen«*[38], vertraut sie ihrem Tagebuch an, in dem sie ihre grundsätzliche Eignung als Pfarrerin in Frage stellt. Unbeirrt vom Pressewirbel, Protesten von Kollegen und dem Widerspruch der Kirchenbehörde, tauft sie Kinder, schreitet dem Beerdigungszug voran und spendet das Abendmahl. Die Furner Kirche füllt sich. Mütter und Ledige besuchen ihre Gemeindeabende. Damit sie abgelegene Gehöfte besuchen kann, trägt sie Damen-Skihosen und setzt sich dafür ein, dass Mädchen diese tragen dürfen.

International erregt der Fall der »illegalen« Pastorin Aufsehen. Die Gemeinde beruft sich darauf, ihren Pfarrer selbst wählen zu können. Grundsätzlich spaltet die Frage, ob eine Frau die geistigen Fähigkeiten besitzt, das Wort Gottes zu verkünden, die Gemüter. Die Gegner des Frauenpfarramts berufen sich auf Bibelstellen im Korintherbrief 14,34 und im Brief an Timotheus 2,11 und Johannes 14,15, wonach Frauen in der Gemeinde zu schweigen haben. Die Befürworter – zu denen der bekannte Schweizer Theologe Karl Barth zählt – kontern mit der Apostelgeschichte, in der Söhne und Töchter »weissagen« können. *»Ich habe es zuvor vielleicht geahnt, aber noch nie mit so grausamer Deutlichkeit erfahren müssen, dass es eine Schande ist, ein Weib zu sein«*[39], schreibt Greti Caprez-Roffler in ihr Tagebuch.

In der Presse werfen ihr Kollegen vor, sich als verheiratete Frau nicht um Haushalt und Kind zu kümmern. Insbesondere der Pfarrer Jakob Rudolf Truog polemisiert gegen die Wochenendbeziehung: *»Für ein solches Vorbild eines Pfarrhauses werden gesund denkende Gemeinden* *sich bedanken. Wehret den Anfängen, sagt eine alte Wahrheit. Wir wollen auf sie hören.*«[40] Doch die kämpferische Theologin wehrt sich, indem sie süffisant in einem Zeitungsartikel ihren Alltag als Pastorin mit Kind schildert: *»Ich freue mich jeden Tag, dass mein Sohn noch keine Ahnung hat, dass man sich sogar in den Zeitungen um sein Wohlergehen kümmert, dann wäre er vielleicht nicht so vergnügt, kräftig und gesund, wie der kleine 10 Monate alte Kerl es ist.*«[41] Sie kämpft für das volle Pfarramt für verheiratete Frauen und kritisiert das zeitgenössische Familienbild. *»Ein Familienvater, der nicht Zeit hat, sich um die Erziehung seiner Kinder zu kümmern, ist ein schlechter Familienvater. Eine Familienmutter ebenso. Aber arme Kinder, deren Väter und Mütter nichts anderes zu tun hätten als sie zu erziehen.*«[42] Mit dieser Einstellung ist sie ihrer Zeit voraus. Für die meisten Schweizer gehört die Frau 1930 ins Haus. Auch der 1939 gegründete »Schweizerische Theologinnenverband« der reformierten Kirche bleibt in der Frage der vollen Frauenordination gespalten. Eine verheiratete Mutter auf der Kanzel geht vielen zu weit. 1932 findet in Graubünden eine Volksabstimmung über die Frauenordination statt. Die Mehrheit votiert dagegen.

In Furna eskaliert der Konflikt nach der Volksabstimmung. Der Kleine Rat verfügt wegen des *»ungesetzlichen Zustands«* die Sperrung des Kirchenvermögens. Unbeirrbar hält die Gemeinde an der Pastorin fest, obgleich sie erneut schwanger ist. *»Wir wohnen hier schon so nahe dem Himmel, daß es uns vollkommen genügt, wenn uns ein femininum den Weg dazu weist«*[43], ist die gängige Meinung. Noch bevor der Standesbuchhalter im April 1933 in das Bergdorf kommt, um das Kirchenvermögen zu beschlagnahmen, übergibt die Gemeinde der Pfarrerin ein Jahresgehalt – danach arbeitet sie bis zu ihrem Abschied 1934 ohne Einkommen. Erst als sich ein Pfarrer für Furna findet und Gian Caprez im Zweitstudium in Zürich Theologie studiert, verlässt Greti Caprez-Roffler die Gemeinde. In Furna lässt man sie ungern ziehen, als *»eine in Sachen Tüchtigkeit als Seelsorgerin kaum zu übertreffende Kraft.*«[44]

Für kurze Zeit teilt sich das Ehepaar in den kantonalen Anstalten eine Pfarrstelle, dieselbe Behörde erlaubt der studierten Theologin, *aushilfsweise* mitzuarbeiten, da die Tätigkeit in Kliniken und Gefängnissen von einem Pfarrer allein nicht bewältigt werden kann. Lakonisch schreibt sie: »*Das war nicht ein ›Gang nach Canossa‹ des Regierungs-rates, sondern die nüchterne und lobenswerte Überlegung, dass eine Frau den Frauen eine gute Seelsorgerin sein werde. Ob die andere Überlegung mitspielte, dass ein Pfarrersehepaar den Kanton billiger zu stehen kommt als zwei Pfarrer, entzieht sich meiner Kenntnis.*«[45] Während Gian Caprez sich als Seelsorger um die Männer im Gefängnis und in der Klinik küm-mert, sorgt sich seine Frau um Psychiatriepatientinnen, mit denen sie betet, und leistet Frauen im Gefängnis seelischen Beistand. »*Die Kraft des Gebetes hatte gerade bei diesen Ärmsten der Armen geholfen und sich als Macht erwiesen*«[46], heißt es in ihren Memoiren.

In den Vierzigerjahren übernimmt Gian Caprez für fast zwanzig Jahre die Gemeinde Kilchberg bei Zürich. Die Familie wohnt in einem weiträumigen Pfarrhaus. Greti Caprez-Roffler widmet sich mit Hingabe der Erziehung ihrer inzwischen sechs Kinder. Auch die Söhne lernen stricken. Alle Kinder packen im Haushalt an, da die verhinderte Pasto-rin Wert darauf legt, Töchter und Söhne gleichberechtigt zu erziehen. Dennoch leidet sie darunter, »nur« Pfarrfrau zu sein. In ihren Erinne-rungen betont sie ihre wichtige Rolle beim Mitverfassen der Predigten. »*[...] gemeinsam in der Vorbereitung, aber unser gemeinsames Werk von Gian nach außen vorgetragen.*«[47] Die Enkelin der Pastorin, Christina Caprez – die den Nachlass wissenschaftlich auswertet – meint: »In den schriftlichen Selbstzeugnissen tritt Greti Caprez-Roffler der Nachwelt als selbstbewusste, aber auch immer wieder mit sich und der Welt ha-dernde Frau entgegen, die ihrer Zeit in vielem voraus ist und in einigen Bereichen radikal anders denkt als ihre Zeitgenossen.«[48]

1965 entscheiden die Graubündner in einer Volksabstimmung, Theologinnen gleichberechtigt zum Pfarramt zuzulassen. Unabhängig davon erfolgte zwei Jahre zuvor die feierliche Ordination von Gre-ti Caprez-Roffler mit elf anderen Frauen im Züricher Großmünster durch die Züricher Kantonalkirche. Als die Pastorin Marie Speiser dem Ehepaar eine gemeinsame Pfarrstelle in fünf Kirchengemeinden in Rheinwald anbietet, wird ein Traum Realität. »*Ich trage Deinen Brief nun schon 1 ½ Tage im Schossack herum. Er knistert von Zeit zu Zeit. In meinem Herzen knistert er aber noch mehr*«[49], antwortet sie der Freun-din. Schließlich wird das Ehepaar von den lokalen Kirchenvorständen

gewählt. Beide wohnen im Pfarrhaus Splügen. Unter der Woche lebt die Pastorin in Nufenen und versorgt die dortige Gemeinde. Greti Caprez-Roffler verkörpert für Gemeindemitglieder sowohl Pfarrerin wie Pfarrfrau, predigt, tauft, beerdigt, gründet einen Bibellesekreis für Frauen, eine Theatergruppe für Jugendliche und wird wegen ihrer Bodenstän-

Die sechsfache Mutter und Pastorin Greti Caprez-Roffler

digkeit und ihrer Lebenserfahrung geschätzt. Außerdem spricht sie den örtlichen Dialekt und predigt in Tracht. Ihr Eintreten für Abtreibung und Empfängnisverhütung macht sie in konservativen Kreisen umstritten. Progressive kritisieren ihre Bibeltreue. Nicht jeder schätzt die Einmischungen der Pfarrerin. »Ihren pointierten Stellungnahmen und beherzten Vorstössen haftete allerdings etwas Dominantes an, das Widerrede kaum zuliess«[50], resümiert die Enkelin. Nach der Pensionierung zieht das Ehepaar nach Furna in das Bauernhaus der Großeltern und übernimmt die verwaiste Pfarrstelle. Erst als Greti Caprez-Roffler siebzig Jahre wird, ist Schluss: Die erste Bündner Pastorin verabschiedet sich 1976 mit einer bewegenden Predigt an Silvester – und damit genau 42 Jahre nachdem sie sich das erste Mal von den Furnern als Pfarrerin verabschiedet hatte.

»**Studenten gibt es hier vierzehnhundert, Damen sind wir bis jetzt nur drei.**«

Margarete von Wrangell,
erste ordentliche Professorin Deutschlands

KAPITEL 2

Pionierinnen der Naturwissenschaften

Im frühen 20. Jahrhundert wird im wahrsten Sinne des Wortes »Gas gegeben«: Auf Schienen, in der Luft und auf dem Wasser. Rasante Fortschritte in Technik, Naturwissenschaften und Medizin machen das Leben komfortabler und die Natur scheinbar beherrschbarer. Robert Kochs Entdeckung des Cholera- und Tuberkulose-Erregers rettet zahlreiche Menschenleben und revolutioniert die Behandlung von Krankheiten. Neue Leitsätze stellen das Weltbild auf den Kopf: Die Physik entwickelt sich dank Albert Einsteins Relativitätstheorie und Max Plancks Quantenphysik zur Leitwissenschaft des 20. Jahrhunderts. Genetik und Zellbiologie modifizieren die Biologie. Die zunehmende Technisierung wird allerdings ambivalent erlebt und geht u.a. mit innerer Zerrissenheit und manchem Schrecken einher. Sinnbildlich für die »Welt im Zwiespalt« stehen die Erfindungen des Chemikers Fritz Haber. Die von ihm entwickelte Ammoniaksynthese ermöglicht das Herstellen von Kunstdünger und Sprengstoff gleichermaßen. Im Ersten Weltkrieg propagiert er den Giftgaseinsatz, dem mehr als eine Million Menschen zum Opfer fallen. In der NS-Zeit stellen Wissenschaftler sich in den Dienst eines barbarischen Systems, wofür die im 19. Jahrhundert entwickelte Eugenik Vorschub leistet. Frauen profitieren vom »Jahrhundert der Naturwissenschaften« und wählen innovative Fächer wie die Radiochemie. Besonders Industrie und außeruniversitäre Institute bieten ihnen Arbeitsmöglichkeiten.

$$-\frac{\hbar}{i}\frac{\partial}{\partial t} = \frac{p^2}{2m} - \frac{Ze^2}{r}$$

$$\lambda = \frac{\hbar^2}{ec}$$

1869–1936

Maria von Linden

*»Ich gehörte nicht zu den legitimen
Kindern der Alma Mater.«*

Wer das Foto flüchtig betrachtet, könnte Maria Gräfin von Linden-Aspermont für einen Mann halten, im Laborkittel mit zurückgekämmten Haaren. Zeitlebens spielt die Biologin damit, ihre Geschlechterzugehörigkeit zu kaschieren. *»Ich trug Jackenkleider mit steifem Kragen, Männerhüte, Schuhe, die in Massivität, Form und Größe ebenfalls an das Männliche grenzten, stand in bester Kameradschaft mit den Kommilitonen«*[1], äußert sich die erste Tübinger Studentin selbstironisch. Ob sie im männlich geprägten Wissenschaftsbetrieb nicht auffallen wollte oder ob die Kleidung Teil ihrer vermutlich lesbischen Identität war, sei dahingestellt. Es gehört zu den Ambivalenzen ihres Lebensweges, dass die Gräfin hohe Hürden in Beruf und Familie überwinden musste, von Männern aber auch unterstützt wurde.

Als sie 1869 in Schloss Burgberg am Rande der Schwäbischen Alb als Tochter des ehemaligen Offiziers Edmund Graf von Linden und dessen Frau Eugenie Freiin Hiller von Gärtringen geboren wird, scheint der Lebensweg vorgezeichnet: Die Eltern erwarten eine standesgemäße Heirat und eine Schar Enkel. Doch die Tochter liebt Katzen und Ziegen und streift durch Wald und Wiesen. Im renommierten privaten Karlsruher Victoria-Pensionat entdeckt sie ihre Liebe zu den Naturwissenschaften. Pensionat und angeschlossene Schule stehen unter der Schirmherrschaft der bildungsaffinen Großherzogin Luise von Baden. Die Schulleiterin unterstützt Marias Wissensdurst in Mathematik und Latein. Noch während der Schulzeit beschließt Maria von Linden, als Wissenschaftlerin ihr Geld zu verdienen, obgleich Frauen weder im Großherzogtum Baden noch im Königreich Württemberg Abitur machen, geschweige denn studieren dürfen.

Schließlich verdankt sie es der Fürsprache ihres einflussreichen Großonkels Joseph von Linden, dass sie nach privatem Unterricht 1891 als erste Frau im Königreich extern an einem Realgymnasium die Reifeprüfung ablegen kann. »*Ich hatte die Voraussetzungen erfüllt, die Bedingungen für das Universitätsstudium waren, nun galt es neu anzusetzen, um die Mauern zu stürmen, die mich noch von der Universität trennten*«[2], frohlockt sie in ihren Memoiren. Während der Großonkel von Linden als langjähriger württembergischer Politiker im Alter zum Förderer der Frauenbildung avanciert, unterstützt der depressiv veranlagte Vater seine Tochter nicht und dringt auf eine adäquate Ehe. Maria von Linden widersetzt sich diesem Wunsch und publiziert in einer Fachzeitschrift den vielbeachteten Aufsatz über »*Die Indusienkalke der Hürbe*«, in dem

Maria von Linden im Labor

sie dem Phänomen kalkiger Steinkugeln nachgeht, die sich in Zusammenarbeit von Köcherfliegen und Algen im Flüsschen Hürbe bilden. Außerdem korrespondiert sie mit bekannten Gelehrten, die sie während ihres mehrmonatigen Aufenthalts bei ihrer Pensionatsfreundin Gabriele von Andrian-Werburg kennenlernt. »Wie schon in ihrer Pensionszeit hatte Maria Gräfin von Linden auch später das Glück, in ihrer Umgebung Befürworter der wissenschaftlichen Tätigkeit von Frauen zu finden«[3], fasst ihre Biografin Susanne Flecken-Büttner zusammen.

Doch von Lindens Wunschuniversität in Tübingen wird Frauen erst 1904 zum Studium zulassen. Erneut springt der liberale Onkel seiner Großnichte bei. In einem Brief von 1888 heißt es schon: »*Deine Kandidatur, liebe Maria, wird für mich zu einer Errungenschaft! Männlicher Ernst in anmutig weiblicher Form! Ich habe den kaustischen Freund in Tübingen von der Gediegenheit Deines Strebens überzeugt ...*«[4] Von Linden erreicht, dass Maria eine Ausnahmegenehmigung des württembergischen Königs erhält. Auch der Senat der Universität stimmt – mit knapper Mehrheit – zu, sodass sich die Abiturientin zum Wintersemester 1892/93 als Gasthörerin für Zoologie, Mineralogie, Mathematik und Physik einschreiben darf. Selbstironisch schildert sie ihren Studienbeginn: »*In Tübingen gab es im Jahr des Heils 1892 an Kultursensationen: einen Gepäckträger, eine Droschke und, nachdem ich nun glücklich in die Universitätsstadt eingezogen war, auch noch eine Studentin. Der guten Dinge waren also drei geworden, und ich darf wohl diese letzte Sensation ohne Überhebung als die fürnehmste bezeichnen, denn Gepäckträger und Droschken gab es damals in vielen großen Städten des Schwabenlandes, aber Studentin war ich die erste und einzige im Königreich.*«[5] Eine Vollimmatrikulation blieb ihr jedoch wegen ihres Geschlechtes versagt.

In Tübingen unterstützen sie neben einflussreichen Persönlichkeiten vor allem die Professorengattinnen. Insbesondere die Witwe des Agrarökonomen Heinrich von Weber, Mathilde, setzt sich für das Frauenstudium ein. Ihr verdankt es Maria von Linden, dass sie schließlich ein Stipendium des Allgemeinen Deutschen Frauenvereins erhält. Studium und Aufenthalt in der Universitätsstadt sind teuer, der Vater verweigert jede finanzielle Hilfe. Die angehende Zoologin weiß auch, dass das elterliche Vermögen samt Schloss an den Bruder fallen wird.

Für die Frauenbewegung begeistert sich die Studentin allerdings nicht. Ihr Interesse gilt allein der Wissenschaft. »... *ich durfte im selben Saal, auf gleicher Bank, unverhüllten Antlitzes mit meinen Kommilitonen den Vorlesungen folgen oder sie schwänzen*«[6], erinnert sie sich amüsiert. Besonders der Zoologe Theodor Eimer fördert die Studentin, nicht ohne zu frotzeln. »*In einem meiner ersten histologischen Kurse kam er, ich weiß nicht mehr in welchem Zusammenhang, auf die Erschaffung des Menschen zu sprechen, da sagte Eimer zu mir: ›Nicht wahr, Gräfle, der Mensch ist aus Dreck geschaffen.‹ Ich antwortete prompt: ›Jawohl, Herr Professor, aber nur der Mann.‹*«[7] Maria von Linden befreundet sich mit seiner Familie. Eimer erkennt ihr Ausnahmetalent und bietet ihr einen Institutsarbeitsplatz an.

Als erste Frau in einem naturwissenschaftlichen Fach in Tübingen promoviert sie 1895 mit »cum laude« über »*Die Entwicklung der Zeichnung und der Skulptur der Gehäuseschnecken des Meeres*«. Nach dem Tod ihres Doktorvaters wechselt die Zoologin vier Jahre später als Assistentin an das Zoologische und Vergleichend-Anatomische Institut der Bonner Universität. Dort widmet sie sich neben der Zoologie den Ursa-

links: Maria von Linden im Labor mit Katze

rechts: Zoologisches Colloquium, 1897; rechte Seite: Die Zoologische Sammlung der Universität Tübingen war bis kurz nach der Jahrhundertwende in der Münzgasse 30, der Alten Aula, untergebracht; zeitgenössische Aufnahme um 1900.

chen der unheilbaren Volkskrankheit Tuberkulose. 1882 hatte der Berliner Arzt Robert Koch erstmals über das Tuberkulose-Bakterium berichtet. Doch erst mit der Einführung wirksamer Antibiotika wird die zuvor oft tödliche Infektionskrankheit heilbar. Bei ihren Studien zur Tuberkulose stößt Maria von Linden auf die antibakterielle Wirkung von Kupfer und entwickelt daraus ein Patent für einen kupferhaltigen Verbandsstoff.

1906 reicht sie ihre Habilitation ein – und provoziert eine intensive Debatte. So startet das preußische Kultusministerium eine Umfrage unter Professoren, ob Frauen künftig gleichberechtigt habilitieren dürfen – und entscheidet zwei Jahre später dagegen. In dem Erlass heißt es:

Die von mir zur Sache gehörten Akademischen Senate und Fakultäten aller diesseitigen Universitäten haben sich in ihren zum Teil sehr eingehenden gutachtlichen Äusserungen mit ganz überwiegender Mehrheit dahin ausgesprochen, dass die Zulassung von Frauen zur akademischen Laufbahn weder mit der gegenwärtigen Verfassung noch mit den Interessen der Universitäten vereinbar sei.[8]

1910 wird Maria von Linden zur ersten deutschen Titularprofessorin ernannt, das Recht zu lehren bleibt ihr jedoch verwehrt

Diese Grundsatzentscheidung verhindert, dass Frauen an deutschen Universitäten Karriere machen und eine berufliche Perspektive entwickeln können. »Erneut war Deutschland rückschrittlicher als andere Länder. In der Schweiz erfolgte an der Universität Zürich die erste Habilitation einer Frau 1902: Adeline Rittershaus-Bjarnason (1867–1924) habilitierte für skandinavische Sprachen, nachdem 1901 ihr Antrag an der Universität Bonn abgelehnt wurde«[9], fasst die Wissenschaftshistorikerin Annette Vogt die Situation im Deutschen Reich zusammen. Erst nach 1918 werden Frauen in Deutschland zur Habilitation zugelassen. Anders als Kultusministerium, Universitätsbehörden und Gesetze handelt die älteste Akademie der Wissenschaften – die Leopoldina in Halle an der Saale. Hier wird Maria von Linden 1902 zum Mitglied gewählt, als erste Wissenschaftlerin in einer der deutschen Akademien.

Das Landesministerium bietet Maria von Linden eine Stelle als »Abteilungsvorsteherin« der neuen parasitologischen Abteilung des Hygienischen Instituts in Bonn an. Die Abteilung verfügt jedoch weder über ausreichenden Platz noch über Instrumente und ist obendrein finanziell schlecht ausgestattet. Auch wenn die Biologin in der Fachwelt mit über 100 wissenschaftlichen Arbeiten ein hohes Renommee besitzt, wird sie im Wissenschaftsbetrieb dauerhaft diskriminiert. Daran ändert sich auch nichts, als sie 1910 zur ersten deutschen Titularprofessorin ernannt wird, das Recht zu lehren bleibt ihr verwehrt. Erst 1921 erhält sie eine im Etat gesicherte Stelle am Hygiene-Institut, die allerdings nach ihrer Pensionierung ebenso wie die Abteilung fortfallen soll. »Es wird deutlich, dass mit der Einrichtung des Parasitologischen Instituts eine Möglichkeit gesucht und gefunden wurde, sich zwar die große wissenschaftliche Kompetenz Maria Gräfin von Lindens zunutze zu machen, sie aber gleichzeitig vom allgemeinen Wissenschaftsbetrieb weitgehend fernzuhalten«[10], so Ulrike Just.

Langfristig verliert sie zudem ihren Kampf, die parasitologische Abteilung in ein Universitätsinstitut umzuwandeln. Die Gräfin bewahrt Haltung, beschönigt in ihren Memoiren so manchen Ärger und so manche Enttäuschung. 1933 versetzen die Nationalsozialisten die Zoologin vorzeitig in den Ruhestand – ohne angemessene Pension für ihre 34-jährige Tätigkeit. In Bonn sorgt sie noch dafür, dass die jüdische Familie Hertz, in deren Haus Maria von Linden Jahrzehnte wohnte, rechtzeitig fliehen kann. Die Tochter des bekannten Physikers Heinrich Hertz, Mathilde, arbeitet als Zoologin am Kaiser-Wilhelm-Institut für Biologie. Mit Bullterrier Lump und einer adligen Freundin emigriert Maria von Linden schließlich selbst in das Fürstentum Liechtenstein. Zuvor hatte sie schweren Herzens Schloss Burgberg verkauft, das sie – wider Erwarten – nach dem Tod des Bruders und eines Cousins geerbt hatte. Ihr Abschiedsgedicht im Gästebuch lautet: »*Das Dritte Reich nicht mein Plaisir ..., so zieh' ich morgen fort von hier.*«[11] Wenige Monate später stirbt sie 1936 an einer Lungenentzündung.

Heute heißen zwei Schulen sowie ein Frauenförderprogramm der Universität Bonn nach der Pionierin des Frauenstudiums.

1878–1968

1881–1972

Die Freundschaft zwischen
der österreichischen Physikerin

Lise Meitner

und der deutsch-baltischen Biologin

Elisabeth Schiemann

*»Ihr lieber Brief kam wirklich wie ein
guter Morgensegen.«*

Das erste Gespräch findet 1907 in der S-Bahn statt: Schon länger beob-
achtet Elisabeth Schiemann, wie jeden Morgen eine schlanke Frau in
ihre Stadtbahn zusteigt. Die 26-jährige Deutsch-Baltin beschließt,
die Fremde anzusprechen. Aus der flüchtigen Begegnung entwickelt
sich eine intensive Freundschaft. Zum Zeitpunkt ihres Kennenlernens

arbeitet Elisabeth Schiemann an einer Mädchenschule und besucht als Gasthörerin die Berliner Universität, wo Frauen bis zum Wintersemester 1908 nicht als reguläre Studentinnen zugelassen sind. Die Wiener Physikerin Lise Meitner lebt in der Reichshauptstadt Berlin, um Vorlesungen bei dem Begründer der Quantentheorie, Max Planck, zu hören. Bald entdecken die Frauen viele Gemeinsamkeiten. Mit fast dreißig Jahren unverheiratet, gelten sie als »späte Mädchen« und spielen wegen ihrer Begeisterung für Naturwissenschaften im Familienkreis eine Sonderrolle.

Meitners Vater, ein Anwalt, widersetzt sich zunächst dem Wunsch seiner Tochter, Physik zu studieren, da er sein »Wutzerl« für zu fragil hält und darauf besteht, dass sie eine Ausbildung zur Lehrerin macht. *»Ich verlor wertvolle Jahre«*[12], äußert sie sich später. Lise Meitner studiert Physik bei Stefan Meyer und Ludwig Boltzmann und wird 1906 mit Auszeichnung als zweite Frau im Fach Physik in Wien promoviert. In Berlin muss sie dennoch anfangs das Labor des chemischen Instituts durch den Hintereingang betreten, da Frauen offiziell noch nicht zugelassen sind; das Forschen mit dem Radiochemiker Otto Hahn obliegt der Erlaubnis des Direktors. Auch Elisabeth Schiemann muss Hürden überwinden. Sie besucht ein Lehrerinnenseminar, verfeinert ihr Französisch in Paris, bevor sie sich 1908 als eine der ersten regulären Studentinnen in Berlin für Biologie einschreibt.

Die Freundschaft mit Elisabeth Schiemann erleichtert der schüchternen Lise Meitner das Einleben in Berlin. Sie wohnt möbliert bei Familie Schiemann um die Ecke. Rasch lädt die gastfreundliche Familie sie zum Musizieren ein. Elisabeth begleitet Lise zu Konzerten bei Plancks, wo sich die internationale Wissenschaftlerwelt trifft – ab 1914 ist auch Albert Einstein dabei, und bald entsteht eine Freundschaft mit den Zwillingsschwestern Planck. Diese Welt kennt sie aus Wien, wo Familienabende oft im Konzert oder der Oper ausklangen. Während die Meitners – wie viele assimilierte Juden – ihre acht Kinder zu liberalen Bürgern erziehen, denkt Vater Schiemann streng deutschnational: 1887 übersiedelt die Familie von Reval nach Berlin, um der Russifizierung zu entgehen. In Berlin freundet sich der Osteuropa-Historiker Theodor Schiemann mit dem antisemitischen Historiker Heinrich von Treitschke an. Schiemanns Bücher und Zeitungsartikel finden die Aufmerksamkeit Kaiser Wilhelms II., der ihn in Fragen rund um die Situation des Baltikums um Rat bittet. Auch Elisabeth Schiemann wird sich zeitlebens als Baltin fühlen.

Sowohl Meitner als auch Schiemann erkämpfen sich als Ausnahmetalente einen Platz in der männerdominierten Wissenschaft

Die Freundschaft zwischen dem *»Elisabethchen«* und der *»treuen Lise«* intensiviert sich bald. Wenn Lise Meitner nach Wien reist, erzählen ihre Briefe von Liebeskummer, Krankheiten, vom Familienleben und dem Kauf von Stoffen. Vor dem Ersten Weltkrieg wandern die Bergsteiger-Freundinnen von München nach Innsbruck. Beide haben sich als Ausnahmetalente einen Platz in der von Männern dominierten Wissenschaft erkämpft: Meitner forscht mit Hahn zu Fragen der Radioaktivität, wird 1912 Assistentin Max Plancks an der Berliner Universität und ist damit die erste Frau mit einer wissenschaftlichen Anstellung an der Berliner Universität. Elisabeth Schiemann promoviert bei dem renommierten Züchtungsforscher Erwin Baur im Bereich der Pflanzengenetik. Um 1900 bildet die Genetik eine Nische für Biologinnen. Auch die Radiumforschung bietet Wissenschaftlerinnen gute Chancen.

Nach dem Ausbruch des Ersten Weltkriegs glauben die Freundinnen an den deutschen Sieg, und Meitner wird als Röntgenschwester der österreichischen Armee an der Ostfront bald desillusioniert: *»Ach, Elisabeth, was hab ich schon alles zu sehen bekommen, so schrecklich habe ich es mir nicht vorgestellt, wie es in Wirklichkeit ist. Und was diese armen Menschen, die im besten Fall als Krüppel weiterleben können, für schreckliche Schmerzen leiden.«*[13] Schließlich kehrt sie 1916 an das Berliner Institut zurück, wo sie mit Hahn zwei Jahre später ein neues chemisches Element entdeckt, das Protactinium. Der Krieg endet in der Katastrophe. Wie ein Kartenhaus bricht die österreichisch-ungarische Doppelmonarchie zusammen. In Deutschland dankt der Kaiser

ab, die Fürstenhäuser werden hinweggefegt. Unruhen und Aufstände brechen aus. In dieser brisanten Situation hofft Elisabeth Schiemann auf eine Rückgewinnung des Baltikums. Reflektierter beurteilt Lise Meitner die Lage. Als Demokratin hofft sie, dass die Republik von bürgerlichen Kreisen unterstützt wird. Für Schiemanns Haltung findet sie deutliche Worte: *»Aber Elisabeth, die ungeheuren Fehler, die vor und während dieses Krieges in der deutschen Außen- und Innenpolitik gemacht wurden, zeigen doch eigentlich sehr deutlich, dass das System falsch war; dass der Umstand,*

dass ein einzelner Mensch die Alleinentscheidung über das Schicksal von Millionen in den Händen hält ohne jede Verantwortlichkeit als der vor sich selbst, eine Ungeheuerlichkeit ist.«[14] Die politischen Differenzen beeinflussen die Vertrautheit noch nicht.

Trotz Inflation und politischer Instabilität bleibt Berlin ein wichtiges Zentrum für Physik und Chemie. Hier forschen Nobelpreisträger wie Max Planck, Albert Einstein oder Fritz Haber. Seit 1913 ist Lise Meitner – als erste Frau – Wissenschaftliches Mitglied in der Kaiser-Wilhelm-Gesellschaft (KWG) und leitet seit 1917 am Kaiser-Wilhelm-Institut für Chemie eine Forschungsabteilung. Die KWG bietet Wissenschaftlerinnen bessere Karrierechancen als Universitäten. »Die Ernennung zum Wissenschaftlichen Mitglied bedeutete eine hohe Anerkennung ihrer wissenschaftlichen Leistungen«[15], resümiert die Wissenschaftshistorikerin Annette Vogt die Ausnahmerolle Meitners, die ab 1922 als erste Privatdozentin für Physik in Berlin lehrt. Einstein bezeichnet sie als *»unsere Madame Curie«.*[16] Der dänische Physiker Niels Bohr lädt sie zu Vorträgen ein. Ihr Neffe Otto Robert Frisch beschreibt sie als *»klein,*

Otto Hahn und Lise Meitner im Labor, ca. 1918

dunkel und herrisch«[17]. Stolz berichtet sie der Freundin: *»Heute Abend gibt's bei Siegbahns große Einladung (Frack!). Davor graust mir ein bisl. Aber ich bin ja schon ein solches Weltkind geworden, dass von der alten Lisl Meitner kaum mehr was übrig bleibt.«*[18] Der Erfolg entspannt sie, obgleich sie Schiemann weiter von Ängsten berichtet. Fotos zeigen sie elegant gekleidet. 1931 zieht sie in eine weitläufige Wohnung, wo sie von einer Haushälterin umsorgt wird.

Elisabeth Schiemann habilitiert sich 1924 an der Landwirtschaftlichen Hochschule in Berlin über die Gerste. Hier hat Baur den ersten deutschen Lehrstuhl für Genetik inne und versucht, durch innovative Kreuzungen neue Nutzpflanzen zu züchten. Seine Assistentin Schiemann betreut die umfangreichen Getreidesammlungen, sorgt sich um Versuchsfelder und Doktoranden – kurz, sie lebt für das Institut und den verehrten Direktor. 1927 beruft die KWG Erwin Baur, der Vorsitzender der Berliner Gesellschaft für Rassenhygiene ist, zum Direktor des neuen Instituts für Züchtungsforschung in Müncheberg. Schiemann kümmert sich um den Umzug. Baur berücksichtigt viele seiner bisherigen Mitarbeiter nicht, auch nicht seine langjährige Assistentin. Diese kündigt enttäuscht 1931 ihre Stelle. »Die schmerzhafte Trennung von Baur und dem genetischen Institut der Landwirte eröffnete Schiemann die Chance zur Verwirklichung eigener Ziele und bildet die Voraussetzung, ihren besonderen Fähigkeiten und Neigungen gemäß in einem Grenzgebiet von Natur- und Geisteswissenschaften arbeiten zu können«[19], resümieren die Autoren in einem über Elisabeth Schiemann veröffentlichten Tagungsband.

Zwölfeinhalb Jahre wird sie ihre Studien zur Geschichte der Kulturpflanzen als unbezahlte Wissenschaftlerin am Botanischen Museum fortführen, unterstützt durch verschiedene Stipendien und teilweise bezahlte Lehrtätigkeit an der Berliner Universität, und sich ein neues Gebiet erarbeiten. Mit dem Buch *Die Entstehung der Kulturpflanzen* von 1932 etabliert sie sich als anerkannte Botanikerin.

»Wenn die besonnenen Führer, zu denen jetzt vor allem [Franz von] Papen zu rechnen ist, sich durchsetzen, so kann man eine schliesslich zum Guten sich auswirkende Entwicklung erhoffen«[20], schreibt Lise Meitner im März 1933 noch hoffnungsvoll an Otto Hahn. Als Österrei-

cherin bleibt sie in der KWG zunächst vor NS-Maßnahmen wie den
»Rassegesetzen« geschützt, aber an der Universität verliert sie die
Lehrbefähigung aufgrund der NS-Gesetze und wird von dort vertrieben.
Proteste von Max Planck helfen nicht. Sie konzentriert sich auf ihre For-
schungen, getragen von der besonderen Atmosphäre der Zusammenarbeit mit Otto Hahn und Fritz Straßmann. Mit dem »Anschluss« Österreichs 1938 droht ihr Verfolgung und letztlich Lebensgefahr. Im Sommer
1938 gelingt ihr mithilfe von Physiker-Freunden die Flucht nach Schweden. *»[...] ein holländischer Kollege, ein alter Freund, kam heimlich nach
Berlin, um mich über eine kleine Grenzstation hinüber zu nehmen. Um
keinen Verdacht zu erregen, war ich am letzten Tag meines Lebens in
Deutschland bis acht Uhr abends im Institut und korrigierte noch eine zu
veröffentlichende Arbeit eines jungen Mitarbeiters. Dann hatte ich genau
1 ½ Stunden Zeit, um ein paar notwendige Sachen in 2 kleine Koffer zu
packen und um für immer von Deutschland wegzugehen [...].«*[21]
     Elisabeth Schiemann schreibt ihr: *»Daß Du nicht mehr wieder-
kommst! Liselein! --- Ich suchte Dich am Mittwoch vormittag im Institut*

Die Wiener Studentin Lise Meitner im Botanischen Garten,
rechts ihre Freundin Elisabeth Schiemann

[...]. – Aber Du warst nicht da! Ich machte meine Bestellungen für Dich an [Otto] Hahn – der mich dann am Donnerstag früh telephonisch zu sich rief – und mir sagte, was ich nun weiß! Was ich längst voraussah! Und was nun ja doch eine unausdenkbare Wirklichkeit ist!«[22] und berichtet vom Wohnungsputz und Einmachen. Der Anfang in einer fremden Sprache fällt der 60-jährigen Lise Meitner schwer, zumal die Arbeit im Labor des Stockholmer Nobelinstituts ihre Erwartungen nicht erfüllt und sie im Institut isoliert bleibt. Nach einer erfolgreichen Karriere findet sie sich als befristete Assistentin ihres ehemaligen Schülers Manne Siegbahn wieder, der sie in keiner Weise unterstützt. Lise bittet Elisabeth inständig, ihr oft zu schreiben.

Kurz vor Weihnachten lässt Hahn sie als Einzige wissen, dass ihm mit Fritz Straßmann die Kernspaltung geglückt sei. *»Falls Du irgendetwas vorschlagen könntest, das Du publizieren könntest, dann wäre es doch noch eine Arbeit zu dreien«*[23], heißt es aufmunternd. Schon im Januar 1939 liefern Meitner und ihr Neffe Otto Robert Frisch die theoretische Erklärung für diese Entdeckung, die sie in der Fachzeitschrift *Nature* veröffentlichen. Die Welt spricht über die Sensation, während Lise Meitner mit ihrem Schicksal hadert. Ablenkung findet sie in der Natur, in der Musik und bei wenigen Vertrauten. Selbst als es Hahn und Schiemann gelingt, ihre Möbel nach Schweden zu verschiffen, kann sie sich kaum freuen. Und sie hilft von Schweden aus, ihren Familienangehörigen den Weg ins rettende Exil zu ebnen.

Auch während des Krieges gelingt es den beiden Freundinnen, sich in zahlreichen Briefen zwischen Stockholm und Berlin auszutauschen

Indessen wird die Situation für Elisabeth Schiemann bedrohlich, die Rückhalt in der Bekennenden Kirche findet. Dort kann sie sich aber mit ihren Forderungen nicht durchsetzen, die protestantische Kirche solle sich deutlicher gegen die Judenverfolgung positionieren. Den Nationalsozialismus lehnt sie von Anfang an *»auf das schärfste ab«*[24]. Sie pro-

Die alte Vertrautheit stellt sich nach dem Wiedersehen nicht mehr ein: Elisabeth Schiemann (links), ihre Schwester Gertrud (Mitte) und Lise Meitner.

testiert öffentlich gegen die Diskriminierung von Juden und dechiffriert die antisemitische »Rassepolitik«. Mit ihrer Schwester Gertrud, einer Musikerin, hilft sie verfolgten Freunden. 1940 verliert sie auf Druck der NS-Behörden die Lehrerlaubnis an der Berliner Universität. Dank der Unterstützung von Kollegen und mit Stipendien arbeitet sie weiter. 1943 schließlich wird sie in der KWG als Abteilungsleiterin an das neue Institut für Kulturpflanzenforschung bei Wien berufen, arbeitet aber weiter in Berlin. »*Wie wirklich dankbar bin ich für diese Lösung. Die Aufgabe, die dies Institut hat, ist ja, nur in erweiterter Form, das was ich vor 14 Jahren in Müncheberg übernehmen sollte*«,[25] lässt sie Lise Meitner wissen und hofft, ihre finanzielle Lage zu verbessern. Deren Antwort zeugt vom Missverständnis und der Frustration im Exil: »*Wenn ich von meiner Mitfreude absehe, dass Du eine lang geplante Arbeit ausführen und mit einer frohen Zukunft rechnen darfst, so haben die Dinge einen ganz anderen Aspekt für mich. Ich sehe nur das Grab, auf dem sie gewachsen sind, ein Grab, das alles umschließt, was meinem frühesten Leben Formung und Freude gegeben hat.*«[26]

Da Schweden neutral bleibt, gelingt es den Freundinnen auch während des Krieges, sich brieflich über Familien und Freunde, Luftangriffe und Krankheiten auszutauschen. Vieles müssen sie verschweigen, kann wegen der Zensur nur angedeutet werden. Vor allem Lise Meitner, die

sich um Freunde und Geschwister sorgt, schweigt zunehmend über ihren Alltag, während Elisabeth Schiemann gesprächiger ist und ihre Freundin schon 1939 bittet, mehr von sich zu berichten. »[...] laß mich, laß uns an Deinem Leben und Treiben im Guten und im Trüben teilnehmen – d.h. schreib fleißiger!! eine große, bewusst große Bitte!«[27] Nach 1945 vergrößert sich die Distanz. Elvira Scheich stellt fest: »Schiemann hat sie nicht verstanden. Sie erkannte nur Aspekte der persönlichen Moral und konnte Meitners politischen Ansichten über die Mittäterschaft in einem totalitären Rechtssystem nicht nachvollziehen.«[28] Schiemann freut sich über die Anerkennung einer Professur an der Berliner Universität, die ihr 1946 angeboten wird. Meitner reagiert entsetzt, als das Ausmaß der NS-Verbrechen bekannt wird.

Lise Meitner 1959 im Gespräch mit amerikanischen Studentinnen des Bryn Mawr College, Pennsylvania, USA

Obgleich Lise Meitner nie in den Bau der Atombombe involviert ist, »lobt« sie der amerikanische Präsident Harry Truman bei einem Abendessen – das ihr zu Ehren während ihrer USA-Reise 1946 im Women's Press Club gegeben wird – mit dem missverständlichen Satz: *»So you're the little lady who got us into all of this.«*[29] Die amerikanische Politik ist überzeugt, dass der Abwurf der Atombombe auf Hiroshima 1945 den Krieg beendet habe und feiert sie als »Mutter der Bombe«. Die Physikerin hingegen wirbt für die friedliche Nutzung der Kernenergie. Als gefragte Gastprofessorin hält sie in den USA Vorträge. Als Hahn 1944 der Nobelpreis für Chemie für die Entdeckung der Kernspaltung allein zugesprochen wird, der ihm kriegsbedingt erst 1945 überreicht werden kann, reagiert sie zunächst gelassen. *»Hahn hat sicher den Nobelpreis für Chemie voll verdient, da ist wirklich kein Zweifel. Aber ich glaube, dass Frisch und ich etwas nicht Unwesentliches zur Aufklärung der Uranspaltung beigetragen haben.«*[30] Später kränkt es sie, dass Hahn ihre maßgeblichen Beiträge in der Öffentlichkeit kaum würdigt, zumal Lise Meitner mit großer Wahrscheinlichkeit ebenfalls den Nobelpreis erhalten hätte, wäre sie nicht zur Emigration gezwungen worden. Außerdem beschuldigt sie den Freund, die NS-Vergangenheit ebenso zu verdrängen wie ihre Freundin Elisabeth Schiemann.

Erst 1947 sehen sich die Freundinnen wieder

Obgleich diese 1947 fast das ganze Jahr in England auf Einladung des Commonwealth Bureau of Plant Breeding and Genetics forscht, kommt ein Treffen der Freundinnen spät zustande. Dabei flüchten sie sich in Allgemeinplätze und können über ihre Erlebnisse und Gefühle in den Kriegsjahren nicht sprechen. In einem Brief an Elisabeth Schiemanns Schwester Gertrud schreibt Lise Meitner: *»Meine Freunde, Otto (Hahn), Edith (Hahn) und sicher auch Elisabeth, denken darüber anders: für sie ist die Vergangenheit abgeschlossen und erledigt.«*[31]

In der Nachkriegszeit wird Lise Meitner viele Ehrungen bekommen: Sie erhält über 20 wissenschaftliche Auszeichnungen – darunter den

Otto-Hahn-Preis und das Bundesverdienstkreuz – und wird 47 Mal für den Nobelpreis nominiert, ohne ihn je zu bekommen. Seit 1947 leitet sie als Forschungsprofessorin an der Königlich Technischen Hochschule in Stockholm die kernphysikalische Abteilung des Physikalischen Instituts. Das Angebot von Fritz Straßmann, an das Max-Planck-Institut für Chemie in Mainz zu kommen, lehnt sie ab. Gleichzeitig lässt sie das Alter gelassener werden. In den Fünfzigerjahren trifft sie Hahn und Schiemann, ohne dass sich die alte Vertrautheit einstellt. Elisabeth Schiemann wird 1953 als erste Frau zum Wissenschaftlichen Mitglied der Max-Planck-Gesellschaft ernannt und kann ihre Arbeiten in der Forschungsstelle für Geschichte der Kulturpflanzen fortsetzen. Ein geplantes eigenes Institut bleibt ihr verwehrt. Trotz internationaler Anerkennung spielt Schiemann die Rolle einer »Lückenfüllerin«[32], auch wenn sie 1956 Mitglied der Deutschen Akademie der Naturforscher Leopoldina wird und die Darwin-Plakette erhält – als einzige Wissenschaftlerin.

Zu einer wirklichen Aussöhnung der Freundinnen kommt es nicht, aber es gelingt, Verletzungen nicht mehr anzurühren. Beide bleiben in ihrer Sphäre verhaftet: »Weder Schiemann noch Meitner erschlossen sich in Gänze die Bedeutung ihrer Rolle als Wissenschaftlerin und was es hieß, als Frau in ihr zu bestehen, noch die Bedeutung ihrer dauerhaften, aber fragilen Freundschaft«[33], so Elvira Scheich. Nach einem Wiedersehen schreibt Lise an Elisabeth 1952: *»Ich habe wirklich das Zusammensein mit Dir und Gertrud sehr genossen, es war für mich ein Wiedersehen schöner alter Zeiten, an die ich mich zu halten versuche, wenn die Gegenwart zu bedrückend wird.«*[34] Lise Meitner zieht 1960 zu ihrem Neffen Otto Robert Frisch nach Cambridge, wo sie von seiner Familie umsorgt wird und acht Jahre später stirbt. Elisabeth Schiemann stirbt 1972 in Berlin.

Beide Wissenschaftlerinnen werden erst spät wiederentdeckt, heute ist Lise Meitner eine Ikone der Wissenschaft, während Elisabeth Schiemann als Genetikerin und Widerständlerin in den Fokus rückt. Im Elisabeth-Schiemann-Kolleg unterstützen Wissenschaftliche Mitglieder der Max-Planck-Gesellschaft hervorragende junge Wissenschaftlerinnen nach der Postdoc-Phase. Die Gedenkstätte Yad Vashem ehrt sie mit dem Titel »Gerechte unter den Völkern«.

1894–1970

Die
österreichische
Physikerin

Marietta Blau

*»Ich bin vielleicht als letzter Österreicher
über die deutsche Grenze gekommen.«*

Das Leben der österreichischen Physikerin Marietta Blau ist von Tragik geprägt und lässt sie wie eine jüngere Schwester der österreichischen Radiophysikerin Lise Meitner erscheinen. 1938 beenden die Nationalsozialisten zunächst die vielversprechende Forschung der 16 Jahre jüngeren Marietta Blau.

Sie hatte die fotografische Methode des Teilchennachweises entwickelt, ein Detektionsverfahren, das darauf beruht, dass ionisierende Teilchen beim Durchgang durch fotografische Emulsionen Schwärzungsspuren hinterlassen. Damit können Bahnen von Teilchen aus Kernreaktionen, damals Zertrümmerung von Atomen genannt, registriert werden. Zeitlebens versucht die Wienerin an ihre bahnbrechende Forschung über die »Zertrümmerungssterne« anzuknüpfen und erlebt bis zu ihrem Tod, wie Kollegen ihre Erkenntnisse für die ihren ausgeben. Sowohl Lise Meitner als auch Marietta Blau bleibt der begehrte Nobelpreis verwehrt. Während die Meriten von Lise Meitner allerdings nie vollkommen vergessen werden, verschwindet Marietta Blau bis um die Jahrtausendwende selbst aus dem Bewusstsein der Fachöffentlichkeit. Die Physikerin steht damit stellvertretend für viele jüdische Wissenschaftler, deren Marginalisierung durch die Nationalsozialisten eine nachhaltende Wirkkraft erzeugt hat.

1894 kommt Marietta Blau als einzige Tochter des Juristen Markus Blau und seiner Frau Florentine Goldzweig in Wien zur Welt. Wie die Meitners gehört die Familie dem liberalen jüdischen Bürgertum an. Musik spielt in beiden Familien eine herausragende Rolle. Markus Blau arbeitet im prosperierenden Musikverlag seines Schwagers Josef Weinberger, der sich auf Operetten spezialisiert und Komponisten wie Franz Lehár, Johann Strauss Sohn, aber auch Gustav Mahler fördert. Darüber hinaus gründet er die erste österreichische Vermarktungsgesellschaft für Musikrechte. Nach dem Tod des Onkels übernimmt Mariettas Bruder Otto den Verlag, der nach der »Machtergreifung« 1938 arisiert wird. Dem Bruder gelingt die Flucht nach England, der jüngere Bruder Ludwig emigriert in die USA. Wo immer Marietta Blau lebt, hört sie klassische Konzerte.

Die kultivierten Eltern Blau legen Wert auf eine gute Ausbildung ihrer Tochter, die ab 1905 das Privat-Mädchen-Obergymnasium des Vereins für erweiterte Frauenbildung besucht und ihre Matura mit Auszeichnung besteht. Ihren Traum, Kinderpsychiaterin zu werden, gibt Marietta Blau zugunsten von Physik und Mathematik auf und immatrikuliert sich im Kriegswinter 1914 an der Universität Wien. Wie Lise Meitner gerät sie bald in den Bann der Radioaktivitätsforschung – ein innovativer Wissenschaftszweig, der weltweit gerade viele Forscherinnen begeistert. Um die Jahrhundertwende revolutioniert die fast zeitgleich erfolgte Entdeckung der Röntgenstrahlen, der Radioaktivität und des chemischen Elements Radium die Fächer Chemie und Physik: 1896 stößt der französische Physiker Henri Becquerel darauf, dass Uransalze radioaktiv strahlen. Zwei Jahre später isoliert das französisch-polnische Ehepaar Marie und Pierre Curie zwei unbekannte chemische Elemente, die eine höhere Strahlung als Uran aufweisen, Radium und Polonium. Für die Entdeckung der Radioaktivität erhalten die drei Wissenschaftler 1903 den Nobelpreis für Physik und mit Marie Curie erstmals eine Frau. Die Atom- und Teilchenphysik wird die Leitwissenschaft des frühen 20. Jahrhunderts.

»Die rasante Verbreitung von radiumhaltigen Produktions- und Verbrauchsgütern war ein bemerkenswertes Phänomen des frühen 20. Jahrhunderts«[35], beschreibt die Wissenschaftshistorikerin Maria Rentetzi die Welt im »Radiumrausch«. Das chemische Element avancierte zum Kultobjekt, vor allem als die Curies die heilende Kraft des Radiums in der Krebstherapie entdecken. An Kliniken entstehen radiologische Abteilungen. Die internationale Elite badet in radiumhaltigem Mineralwasser in Kursanatorien. Radium findet sich in Leuchtlampen und Leuchtziffern wieder. Bars servieren Radiumcocktails. Die moderne

Marietta Blau, 1927

Dame cremt sich mit Radiumsalbe ein, während der Gentleman Radi-umzigarren raucht und seine Manneskraft durch Radiumtonic stärkt.

Österreich-Ungarn spielt im Radiumfieber eine besondere Rolle: Bis 1918 kann die Doppelmonarchie das hochbegehrte Uran nutzen, das im böhmischen St. Joachimsthal aus Pechblende gewonnen wird. Stolz lässt der Industrielle und Anwalt Karl Kupelwieser die österreichi-sche Akademie der Wissenschaften wissen: *»Die Besorgnis, dass mei-ne Heimat Österreich etwa verabsäumen könnte, sich eines der größten ihm von der Natur überlassenen Schätze, nämlich des Minerals Uran-pechblende, wissenschaftlich zu bemächtigen, beschäftigt mich schon seit dem Bekanntwerden der rätselhaften Emanation ihres Produkts: des Radiums.«*[36] Dank seiner großzügigen Stiftung entsteht in Wien 1910 das weltweit erste Forschungsinstitut, das sich ausschließlich mit der physikalischen Erforschung des Radiums beschäftigt. Es behauptet seine Rolle unter den führenden Forschungszentren der Radiumche-mie auf Weltniveau und konkurriert mit dem Pariser Institut du Radium, dem Berliner Kaiser-Wilhelm-Institut für Physik und dem Cavendish

Das Radiuminstitut in Wien, um 1910

Laboratorium unter Leitung Ernest Rutherfords in Cambridge. Schöpfer und de facto erster Direktor wird der jüdische Physiker Stefan Meyer, der zur intellektuellen Avantgarde Wiens gehört, selbst Bassgeige spielt und mit seiner liberalen Großzügigkeit für eine ganz besondere, familiäre Atmosphäre am Institut sorgt. Tägliche Kaffeerunden in der Bibliothek gehören dort ebenso zum Alltag wie der kollegiale Austausch in Arbeitsgruppen. Zukunftsweisend fördert er Wissenschaftlerinnen: Fast ein Drittel der Mitarbeiter am Radiuminstitut sind Frauen.

Nach ihrer Promotion 1919 spezialisiert sich Marietta Blau weiter in der medizinischen Physik, einer Nische mit exzellenten Karrierechancen

Von dieser frauenfreundlichen Atmosphäre in der Physik profitiert schon Lise Meitner, die bei der Physik-Koryphäe Franz Exner promoviert, der als Universitätsrektor die Gründung des Radiuminstituts unterstützt und die ersten zehn Jahre formal Direktor dieser zu der Wiener Akademie der Wissenschaften gehörenden Anstalt ist. Exner und Meyer betreuen auch die Dissertation von Marietta Blau, die ihr Studium 1919 mit der Promotion beendet. Nach einem Praktikum am Zentralröntgeninstitut des Allgemeinen Krankenhauses in Wien arbeitet sie in einer Berliner Röntgenröhrenfabrik, wo sie elektrotechnische und spektralanalytische Untersuchungen durchführt. Ein halbes Jahr später wechselt sie an das Frankfurter Institut für Physikalische Grundlagen der Medizin. Dort führt sie Mediziner in die Radiologie ein und spezialisiert sich weiter in der medizinischen Physik, einer Nische mit exzellenten Karrierechancen.

Doch es kommt anders: Vier Jahre nach dem Tod des Vaters erkrankt die Mutter schwer. Die fürsorgliche Tochter kehrt 1923 nach Wien zurück und arbeitet am Radiuminstitut an verschiedenen Projekten mit. Vor allem aber wird ihr die Aufgabe übertragen, den Einsatz von Fotoplatten zur Registrierung von Kernteilchen zu studieren und zu optimieren, die bei künstlich herbeigeführten Kernreaktionen (»Atomzertrümmerungen«) ausgesendet werden. Geladene Teilchen rufen nämlich in der fotografischen Emulsion ähnliche chemische Veränderungen hervor wie sichtbares Licht, sodass nach dem Entwickeln der Platten Reihen von Schwärzungspunkten vom Durchgang der Teilchen Zeugnis ablegen. Blau entwickelt die fotografische Methode zu einem objektiven Detektionsverfahren. Dieses ist der damals zum Nachweis der bei Kernreaktionen emittierten Teilchen verwendeten Szintillationsmethode überlegen, die in der Beobachtung der von diesen Teilchen an Zinkblendeschirmen ausgelösten schwachen Lichtblitze unter dem Mikroskop besteht und höchst fehleranfällig ist.

Während Lise Meitner in der Kaiser-Wilhelm-Gesellschaft gut verdient, arbeitet Marietta Blau als eine der wenigen Frauen am Institut ohne Gehalt, angewiesen auf familiäre Unterstützung. Dabei steht ihr ihre Bescheidenheit im Weg. So schreibt ihr Mentor Meyer: »*Fräulein Dr. Blau ist eine ganz ausgezeichnete wissenschaftliche Kraft, aber in ihrem Wesen sehr scheu, so dass ihr Auftreten allein vielleicht nicht den nötigen Eindruck macht und eine gute Einführung für sie doppelt wichtig ist.*«[37]

Am Institut genießt sie die exzellente Laborausstattung und die kollegiale Atmosphäre. Sie freundet sich mit jüngeren Kernphysikerinnen wie der späteren Institutsleiterin Berta Karlik an und arbeitet mit ihrer Doktorandin Hertha Wambacher zusammen. Ab 1928 stellen beide Frauen zehn Jahre lang methodische Untersuchungen der fotografischen Methode an, besonders der Beeinflussung der Sensibilität der Emulsionen und der Optimierung des Entwicklungsprozesses zum Nachweis von Teilchen geringer Ionisationsdichte. Die 1932 entdeckten Neutronen können auf dem Umweg über die Protonen der wasserstoffhaltigen Emulsionen ebenfalls nachgewiesen werden. Die Frauen bilden ein eigenwilliges Team. Hier die fragile, pflichtversessene Marietta Blau, dort die ehrgeizige und durchsetzungsstarke Hertha, die fehlende Brillanz durch eine karrierefördernde Affäre mit dem späteren Physik-Ordinarius Georg Stetter ausgleicht. Blau und Wambacher veröffentlichen ihre Ergebnisse in renommierten Fachzeitschriften wie *Nature*.

Der zunehmende Antisemitismus an der Universität verhindert, dass Marietta Blau habilitiert. Mit einem Stipendium des Verbands der Akademikerinnen Österreichs forscht sie 1933 am Institut du Radium

der zweifachen Nobelpreisträgerin Marie Curie, die eine ganze Generation von Wissenschaftlerinnen fördert und prägt. Auch Lise Meitner, die
norwegische Chemikerin Ellen Gleditsch und die baltische Agrochemi-
kerin Margarete von Wrangell forschen in Paris. »Bis in die 1920er Jahre
hatte sich in Europa eine ›unsichtbare Hochschule‹ für Radioaktivität
und Nuklearphysik gebildet, von Frauen, die sich in Paris oder Wien
kennengelernt und Kontakt gehalten hatten«[38], beschreibt die amerikanische Autorin Ruth Lewin Sime das Frauennetzwerk.

Die Gegenspielerin: Hertha Wambacher

Zurück in Wien intensiviert Marietta Blau die Zusammenarbeit mit Hertha Wambacher, die 1934 in die verbotene nationalsozialistische Partei eintritt. Um kosmische Strahlung auf schwere Teilchen zu untersuchen, lassen die Physikerinnen 1937 präparierte Fotoplatten auf die Tiroler Hafelekarspitze in über 2300 Meter Höhe transportieren. Auf den nach wochenlanger Exposition entwickelten Platten zeigen sich sternförmig von einem Zentrum ausgehende Teilchenbahnspuren. Mit der Aufzeichnung dieser »Sterne« haben Blau und Wambacher die Kernreaktionen der Teilchen der kosmischen Strahlung in den fotografischen Emulsionen sichtbar gemacht: Das Zentrum ist der Ort der Reaktion, die Bahnspuren sind jene der emittierten Reaktionsprodukte. Für die Entdeckung der Zertrümmerungssterne erhalten die Wissenschaftlerinnen den renommierten Lieben-Preis. Die Fachwelt reagiert begeistert: »Mit der Entdeckung der ›Zertrümmerungssterne‹ [...], die in der ganzen wissenschaftlichen Welt großes Aufsehen erregte, zeigte sich die Fruchtbarkeit der Anwendung der photographischen Methode«[39], resümieren Marietta Blaus Biografen Robert Rosner und Brigitte Strohmaier.

Der Erfolg markiert die Wende. Im Institut bildet sich eine Gruppe überzeugter Nazis um den Physiker Georg Stetter. Dieser nutzt die Situation, um die jüdische Wissenschaftlerin zu diskreditieren und behauptet, seine Freundin Hertha habe den größeren Anteil an der Entdeckung der Zertrümmerungssterne und müsse in Studien zuerst genannt werden. Durch den drohenden »Anschluss« Österreichs an das Deutsche Reich gerät Blau immer mehr unter Druck. Ellen Gleditsch, die den Sommer 1937 in Wien verbringt, schildert: »*Ich kann dir sagen, dass Dr. Blau in abscheulicher Weise von den Nazis behandelt worden ist, zu denen auch Dr. W(ambacher) gehörte. Tatsächlich waren die Schwierigkeiten mit Dr. W. der Grund, weshalb ich im Januar (1938) Dr. Blau bat, für eine Zeit hier zu arbeiten.*«[40]

In letzter Sekunde – am Tag des Einmarsches von Hitlers Truppen – reist Marietta Blau im Zug Richtung Oslo. »*Ich habe am 12. III um 7 Uhr abends Wien verlassen u. war mir eigentlich nicht klar über die politische Lage; ich hätte anfangs März wegfahren sollen u. habe es immer wieder verschoben u. bin vielleicht als letzter Österreicher über die deutsche*

Grenze gekommen«[41], schreibt sie. Schon vor der Annexion hatte der Physiker Albert Einstein versucht, sie an das Polytechnikum in Mexiko-Stadt zu vermitteln. In einem Brief an einen Kollegen fragt er, *»ob eine Physikerin von ungewöhnlicher Begabung evtl. gebraucht werden könnte, die in Wien trotz aller Schätzung der Fachkollegen aus den bekannten politischen Gründen als Jüdin fortgegrault wird«.*[42] Im Juli bietet ihr die dortige Ingenieurschule eine Stelle an; Versuche Einsteins, sie in die USA zu vermitteln, waren gescheitert. Nach einem nervenzehrenden Warten auf das Visum schifft sie sich mit ihrer Mutter in London nach Mexiko ein. Dort unterrichtet sie Physik auf Spanisch, wird schlecht bezahlt und im Kollegium ausgegrenzt. Dennoch forscht sie weiter. Da es an Geräten fehlt, führt sie mit selbstgebauten Instrumenten Messungen an radioaktiven Gesteinen durch. Trost bietet ein von Emigranten organisiertes Kulturprogramm. Nach dem Tod der Mutter emigriert sie 1944 in die USA, wo sie in der Industrie arbeitet und ein Ziel verfolgt: die Rückkehr in die Teilchenphysik.

Als »Päpstin der Emulsions-Technik« genießt sie in den USA Renommee, während am Wiener Radiuminstitut der nationalsozialistische Kreis das Ruder übernommen hat. »Kurzerhand fing Wambacher an, die wissenschaftlichen Nachweise zu fälschen, angefangen mit ihrer ersten alleinigen Publikation [...]«[43], urteilt Ruth Lewin Sime. Ab 1950 forscht Marietta Blau – inzwischen amerikanische Staatsbürgerin – für die Atomenergie-Kommission, bevor sie als Professorin an die Universität Miami in Florida wechselt: *»[...] bin sehr froh, die Wissenschaft wieder einmal gegen die Arbeit in Industry oder Lehre wie in Mexico ausgetauscht zu haben«*[44], schreibt sie 1948. Nach den mexikanischen Jahren gewinnt sie an Leichtigkeit, bewohnt ein Haus mit Garten, lernt Autofahren, baut Freundschaften auf, spricht ein gepflegtes Englisch und frönt ihrer Leidenschaft für Kammermusik. *»Marietta Blau war eine sehr gute Lehrerin, sie hielt Vorlesungen über Elektromagnetismus und über Kernphysik für fortgeschrittene Studenten. Ich glaube, dass sie wegen ihrer zarten Gestalt und als Frau nicht den Respekt erhalten hat, den sie verdiente«*[45], erinnert sich ihr Kollege Arnold Perlmutter an die kettenrauchende Dozentin.

Für ihre Entdeckung werden Marietta Blau und Hertha Wambacher 1950 für den Nobelpreis nominiert

In den Fünfzigerjahren setzen sich die ersten Teilchenbeschleuniger durch, die Elementarteilchen so stark beschleunigen, dass diese in bislang unbeobachteten Kernreaktionen weitere Teilchen produzieren. Außerdem entwickelt die Wissenschaft Flüssigszintillationszähler, die für Experimente mit radioaktivem Material in Biologie und Medizin entscheidend werden. Parallel erlangt die Kernemulsion neuen Aufwind. Als Expertin glückt Marietta Blau die Rückkehr in die Kernphysik – trotz langer Pause, da sie über Jahre keinen Zugang zu Hochenergiephysik-Geräten erhielt, wie sie prestigeträchtige Forschungsuniversitäten besitzen. Sie konstruiert mit Kollegen in Miami eine halbautomatische Anlage zum Scannen der Teilchenbahnspuren in Emulsionen. Damit lassen sich Reaktionen von Protonen und Mesonen auswerten, die an den Kernen der Emulsionen erfolgen und zur Emission subatomarer Teilchen führen. Mit solchen Beschleunigungsexperimenten beschäftigt sich Blau auch während einer Anstellung am Brookhaven National Laboratory. Seit ihren Wiener Tagen hat die Kernphysikforschung sich radikal verändert, führt doch das nukleare Wettrüsten der Supermächte USA und Sowjetunion dazu, dass die Atomforschung sich den weltpolitischen Strategien der Weltmächte unterordnet.

1950 werden Marietta Blau und Hertha Wambacher das erste Mal für ihre Entdeckung für den Nobelpreis nominiert. Dieser geht jedoch an den britischen Physiker Cecil Powell, dessen Forschung auf den Studien Blaus beruht, die nicht erwähnt wird. »Für Marietta Blau bildete die Vergabe des Nobelpreises 1950 den Höhepunkt ihrer Ausgrenzung und Vertreibung, die zwölf Jahre zuvor unter den Nazis begonnen hatte«[46], kommentiert Ruth Lewin Sime. Im selben Jahr stirbt Hertha Wambacher an Krebs. Nachrufe auf die Kontrahentin beschreiben sie als alleinige Entdeckerin der Zertrümmerungssterne. *»Sie (Blau) war zu stolz, um mit mir über diese Enttäuschung offen zu sprechen«*[47], so Perlmutter. Dennoch kehrt Marietta Blau 1960 krank nach Wien zurück – obgleich dort an ihrem Kommen wenig Interesse besteht. Lise Meitner ihrerseits schlägt Rückkehroptionen aus, da sie die schmerzhafte Differenz der Exilerfahrung mit den in Deutschland Gebliebenen spürt. Wie viele Wissenschaftler leidet auch Marietta Blau durch den früheren sorglosen Umgang mit radioaktivem Material an Verbrennungsschmerzen und Augenproblemen. Die Rente sichert ihr lediglich das Existenzminimum. Während ehemals aktive Nationalsozialisten wie Stetter längst Lehrstühle bekleiden, werden NS-Opfer nicht entschädigt. Am Radiuminstitut forscht Marietta Blau erneut unbesoldet, hält Seminare und arbeitet für die Europäische Organisation für Kernforschung, kurz CERN. Ihre Leidenschaft für Physik ist ungebrochen.

Acht Jahre vor ihrem Tod erhält sie den Erwin-Schrödinger-Preis der Österreichischen Akademie der Wissenschaften. 1970 stirbt sie vereinsamt und verarmt in Wien, ohne dass ihre Bedeutung für die Kernphysik anerkannt wird. Erst um die Jahrtausendwende wird Marietta Blau langsam wiederentdeckt. Inzwischen hat die Universität Wien einen Hörsaal und die Gemeinde Wien eine Gasse nach ihr benannt, das Bundesministerium für Bildung, Wissenschaft und Forschung vergibt ein Marietta Blau-Stipendium.

»*Ich genoss das Studium wie ein Gnadengeschenk des Himmels.*«

Die Wiener Romanistik-Professorin **Elise Richter**

KAPITEL 3

Frauen in Kultur und Medien

Die »Urkatastrophe« des Ersten Weltkriegs dominiert die Tonalität des 20. Jahrhunderts mit Genozid, Gewalt, Flucht und Terror. Diese Epoche ist von Revolutionen, politischen Intrigen, Kämpfen und Kriegen geprägt. Der entwurzelte und vielfach traumatisierte Mensch sucht Antworten in der Kunst, in Malerei, in der Literatur, im Theater. Die Kunst spiegelt die Zerrissenheit des Daseins wider, Angst wie Hoffnung auf Neuanfang. Die expressiv-reduzierten Bilder der jungen Malerin Paula Modersohn-Becker künden die Moderne an. Die Pietà der Bildhauerin Käthe Kollwitz bannt Trauer um den Sohn und die Schrecken des Krieges in Stein. In Zürich laufen Dada-Künstlerinnen wie Sophie Taeuber-Arp mit »Unsinn« gegen Konventionen Sturm. Radikal bricht die klassische Moderne mit Pomp, Plüsch und gepflegter Bürgerlichkeit und setzt auf Klarheit und Struktur – wie dies im Bauhaus realisiert wird. Die pure Lebensgier bricht sich im Kabarett, in Jazz-Bars und in wilden Partys in den Zwanzigerjahren in Paris, New York und Berlin Bahn. Selten schienen Frauen freier. Leinwandlegenden wie die Schauspielerinnen Asta Nielsen und Greta Garbo symbolisieren das neue Schönheitsideal. Doch Künstler löcken nicht nur gegen den Stachel, sondern stellen sich auch in den Dienst der politischen Propaganda – gleich welcher Richtung. Während der NS-Diktatur unterdrückt das Regime jede Äußerung, jede Kunst, die der barbarischen Politik zuwiderläuft.

1861–1942

1865–1943

Die Schwesternbeziehung zwischen
der Wiener Theaterkritikerin und Anglistin

Helene Richter

und der Romanistik-Professorin

Elise Richter

>>*Ich genoss das Studium
wie ein Gnadengeschenk des Himmels.*<<

Wer sich in die unerschrocken formulierten Memoiren von Elise Richter
vertieft, ist beeindruckt. Präzise und nie wehleidig erzählt die Romanistin vom Kampf gegen Gelenkrheumatismus, Lungenentzündung und
Typhus. »*Ich bin den weitaus größeren Teil meines Lebens pflegebedürftig
gewesen, und es war daher eine Lebensforderung, eine ertragbare Kranke*

zu sein«[1], schreibt die 1865 in Wien Geborene. Inwieweit die Krankheiten auch eine psychosomatische Seite haben, kann nur vermutet werden. Auf jeden Fall zielt die Erziehung des Vaters, eines Chefarztes der kaiserlichen und königlichen Südbahn Wien – Triest, darauf ab, seine Töchter Helene und Elise durch einen durchorganisierten Alltag, kaltes Waschen und Spaziergänge bei Wind und Regen abzuhärten. *»Wir wurden nie verzärtelt, wir lernten Disziplin«*[2], schildert Elise ihre Kindheit, die sie *»in namenloser Einsamkeit verbracht«* habe. Der Wunsch der wissbegierigen Elise, ein Mädchengymnasium zu besuchen, wird von den Eltern als *»närrische Phantasterei«* abgetan. Der Vater engagiert eine preußische Hauslehrerin, die wenig Wert auf selbstständiges Denken legt, die beiden Schwestern in Sprachen, Geschichte und Geografie unterrichtet und sie 400 Gedichte auswendig lernen lässt. Für die fantasiebegabten Mädchen werden Bücher zur Rettung. Elise bringt sich während ihrer Krankheitsphasen Latein und Griechisch bei, liest Herder, Schopenhauer und Kant und findet – wie die vier Jahre ältere Helene – in der Wissenschaft ihre Berufung.

Die Bindung an die kultivierten Eltern wird dadurch befördert, dass in der Erziehung Strenge mit Herzensgüte wechselt und sich Vater wie Mutter bei Kunstreisen, Sommerfrischen, Sonntagsausflügen großzügig und zugewandt zeigen. Wie viele assimilierte Juden erziehen die Eltern ihre Töchter religiös, aber nicht im jüdischen Glauben. Die Töchter pflegen die tuberkulosekranke Mutter bis zu ihrem Tod 1889, ein Jahr später stirbt der Vater. Die Schwestern überlegen, das Erbe auszuschlagen und Suizid zu begehen. Dann obsiegt der Lebenswille, wobei Vermögen und Wohnung helfen. *»Es hat mir, der fast Lebensunfähigen, die Möglichkeit des Lebens verschafft. Ohne gutes Wohnen, sorgfältige Ernährung, Hilfe jeder Art, Wagen, Trinkgelder, gute, bequeme Theatersitze, Schlafwagen und anderes, hätte ich gar kein höheres Alter erreicht und außerdem weder Studieren noch alle Lebensgüter genießen können«*[3], ist sich Elise sicher.

Es folgen Reisen durch Europa bis Nordafrika, die die Schwestern gemeinsam unternehmen. »Das Leben Elise Richters war untrennbar mit dem ihrer älteren Schwester verbunden«[4], beschreibt Michaela Raggam-Blesch die Geschwisterbeziehung, die Elise mit einer Ehe vergleicht. »*Helene war die weltkundigere, menschlichere, kritisch-geistrei-chere, allerdings weniger objektiv fundierte, Elise die scheuere, akade-misch-konventionellere, impassiblere, gelehrtere unter den Schwestern*«[5], charakterisiert Elises Schüler, Leo Spitzer, die Schwestern. Nach dem Tod der Eltern erobern sich die Geschwister Stück für Stück die Welt des Wissens. »*Unser erster Schritt noch innerhalb des Trauerjahrs war, uns den Zutritt zu Universitätsvorlesungen zu verschaffen*«[6], so Elise. Sie hören als Gäste Vorlesungen in Philosophie und Archäologie und be-freunden sich mit Adolf Mussafia, dem Begründer der Wiener Roma-nistik.

1897/98 lässt die Philosophische Fakultät der Universität Wien Frauen regulär zum Studium zu. Während Helene sich autodidaktisch der Anglistik widmet und sich um den Haushalt kümmert, holt die 32-jährige Elise 1897 extern das Abitur nach und immatrikuliert sich als eine der ersten Frauen für Romanistik. »*Ich genoss das Studium wie ein Gnadengeschenk des Himmels*«[7], vertraut sie den Memoiren an. Mit großem Fleiß und Eifer bereitet sie sich auf Seminare und Vorlesungen vor und erreicht im fünften Semester, dass ihre Seminararbeit über das rumänische Possessivpronomen in der renommierten *Zeitschrift für Romanische Philologie* erscheint. Sie wird Schülerin des liberalen Schweizer Romanisten Wilhelm Meyer-Lübke, »*dem eine gescheite Frau lieber ist als ein dummer Mann*«[8]. 1901 promoviert sie über die Entwick-lung der romanischen Wortstellung aus dem Lateinischen und erregt international Aufsehen.

Neben den Studien genießen die Schwestern das kulturelle Ange-bot Wiens, lassen keine Premiere im Burgtheater aus und besuchen Kunstausstellungen. Mittelpunkt vieler Geselligkeiten wird das neuge-baute Haus im Cottageviertel, wohin die Schwestern 1895 ziehen und das zu den vornehmsten Wiener Wohngegenden gehört. Elise zeichnet die Bauentwürfe und sorgt für ausreichend Platz für die Bibliothek und Helenes wachsende Theater-Sammlung. Das Haus hat die modernste Ausstattung, beispielsweise einen elektrischen Türöffner. Zur »*Quelle reiner Freude*« avanciert der Garten mit Azaleen, Palmen und Amaryllis. Regelmäßig laden die Schwestern zu Damenjausen, Faschingsfesten und Treppenhausfeiern, zu denen das intellektuelle Wien samt Künstlern und Schauspielern kommt. Mit vielen, wie der Hofschauspielerin Olga Lewinsky, sind beide eng befreundet. Auch die österreichische Frauenrechtlerin Marianne Hainisch, die Wiens erstes Mädchengymnasium gründet, verkehrt bei den Richter-Schwestern.

»Es hat mir in meiner Laufbahn, so wie ich sie gerichtet wollte, sehr genutzt, dass ich keinen sex-appeal besaß. Ich wirkte nicht auf Männer, vielleicht am meisten darum, weil sie nicht auf mich wirkten«[9], erklärt Elise, die in der männerdominierten Welt der Wissenschaft als Frau nicht auffallen will, weshalb sie sich stets dunkel kleidet. Ihr Schüler, Ernst Pulgram, erinnert sich: »Sie sieht aus wie eine dieser eleganten Wiener Damen, die Gustav Klimt so wunderschön portraitiert hat«[10]. Ihr Versuch, als »geschlechtsneutrale« Frau gewissermaßen hinter der Wissenschaft zu verschwinden, ist typisch für Forscherinnen der ersten Generation. »Elise Richter sah sich selbst nicht als Feministin«[11], schreibt ihre Biografin Harriet Freidenreich.

Während Helene Richter Biografien englischer Romantiker und Burgtheater-Kritiken schreibt, wird Elise Richter 1921 mit 56 Jahren außerordentliche Professorin

1904 reicht Elise als erste Frau an der Wiener Universität ihre Habilitation ein. Das Ministerium lässt sich fast drei Jahre Zeit, bis es Elise zur unbezahlten Privatdozentin mit Lehrerlaubnis ernennt, denn die Kommission ist sich uneins, ob Frauen intellektuell und physisch in der Lage seien, männliche Studenten zu unterrichten. Lakonisch bemerkt Elise: »Die alten Herren mussten sich an meinen Anblick gewöhnen.«[12] Ihr Schüler Spitzer vermutet, dass bei der zögerlichen Berufung zur Privatdozentin auch Antisemitismus eine Rolle gespielt haben könnte: »War nicht der Antisemitismus, der die ganze Karriere Elisens begleitete, von der Habilitation an, auf die die Studenten mit Demonstrationen antworteten (die Antrittsvorlesung konnte nur dadurch stattfinden, dass sie im letzten Augenblick in einen anderen, den Demonstranten unbekannten Hörsaal verlegt wurde), bis zu der Verweigerung einer ordentlichen Professur, auf *die Elise zumindest ebenso viel Anrecht gehabt hätte wie die Epigonen, die ihr vorgezogen wurden [...].«*[13] In ihren Memoiren übergeht Elise den Antisemitismus an der Universität lange geflissentlich.

In ihrer Forschung konzentriert sie sich darauf, verschiedene romanische Sprachen in ihrer Laut- und Formenlehre sowie Syntax und Rhythmus zu vergleichen. Ihre Studien kreisen um psychologische und physiologische Grundlagen von Sprachentwicklung, wobei sie sowohl naturwissenschaftliche Studien wie innovative Ansätze der Psychologie berücksichtigt. Weitsichtig erkennt sie die Bedeutung der Phonetik, die sie als Gebiet etabliert. 1930 erscheint ihr Standardwerk *»Die Entwicklung der Phonologie«*. In dreißig Jahren lässt sie kein Seminar ausfallen, auf jedes ist sie perfekt vorbereitet. Von ihren Schülern verlangt sie Eigenständigkeit. Die meisten ahnen nicht, wie viele Hürden sie als erste österreichische Privatdozentin genommen hat. Der Romanist Pulgram schreibt: *»Ich bezweifele, dass irgendeiner von uns Studenten 1936 wusste (ich jedenfalls nicht), welche Rolle diese gebrechliche ältere Dame vor uns in der Geschichte der österreichischen – und der europäischen – Wissenschaft gespielt hatte.«*[14]

Mit dem Zusammenbruch der Doppelmonarchie 1918 büßen die Schwestern ihr Vermögen ein und müssen fünf Jahre später ihr Haus verkaufen, in dem sie aber lebenslanges Wohnrecht haben. Helene verdient Geld als Biografin von englischen Romantikern wie Lord Byron und der Frauenrechtlerin Mary Wollstonecraft. Außerdem schreibt sie Theaterkritiken über Aufführungen des Burgtheaters. Elise wird mit 56 Jahren 1921 zur außerordentlichen Professorin ernannt. Geld verdient sie erst, als sie einen bezahlten Lehrauftrag erhält. Eine ordentliche Professur mit ordentlichem Gehalt bleibt ihr versagt. Gleichzeitig hat der Zusammenbruch des alten Österreichs das politische Bewusstsein von Elise Richter geschärft. *»In schmerzhafter Anteilnahme erlebten wir den Zusammenbruch. Das Erstaunliche war, dass eine siebenhundertjährige Institution wie das Kaisertum und die Dynastie in sich zusammenfielen, ohne dass ein Gewehrhalm gespannt, dass auch nur eine allerkleinste Demonstration verursacht wurde.«*[15] In einer bürgerlich-liberalen Splitterpartei setzt sich Elise für eine verbesserte Mädchenvolksbildung ein und gibt mit Engagement Kurse an der Volkshochschule. 1922 gründet sie, gedrängt von der International Federation of University Women, den Verband der Akademikerinnen Österreichs, der 1938 aufgelöst wird. Ihre Stellung zur Frauenfrage bleibt ambivalent. »*Als Frauenrechtlerin konnte ich meinen Weg in der Universität nicht machen, ich musste nicht nur meine ganze Kraft auf die Arbeit richten, sondern auch den Schein des Frauenrechtlertums vermeiden.*«[16]

Gleichzeitig gerät die österreichische Republik aus den Fugen. Aufgrund der Weltwirtschaftskrise verlieren viele Menschen ihre Arbeit und radikalisieren sich. Schließlich verwandelt Bundeskanzler Engelbert Dollfuß Österreich 1933 in einen autoritären Ständestaat. Spannungen zwischen konservativen und sozialdemokratischen Bürgerwehren entladen sich in Gewalt. An der Universität werfen nationale Studenten Stinkbomben. In dieser aufgeheizten Situation feiert die Universität den 70. Geburtstag der Romanistin. »*Da ich im Fach Phonetik nicht leicht ersetzt werden konnte, wurde ich im siebzigsten Jahr als unabkömmlich beim Ministerium angefordert*«[17], schreibt sie stolz. Auch Helene werden für ihr Werk zwei Ehrendoktorwürden verliehen.

Mit den Worten: »*Nächstes Mal mehr davon*«[18], beendet Elise Richter am 10. März 1938 eine ihrer Vorlesungen. Wenig später marschieren deutsche Truppen in Österreich ein, das Teil des Deutschen Reiches wird. Nach dem »Anschluss« gelten die deutschen Rassegesetze und das »Gesetz zur Wiederherstellung des Berufsbeamtentums«. Hermann Göring verspricht, Wien bis 1942 »judenfrei« zu machen. Dort kommt es zu besonders brutalen Ausschreitungen. »*Der Antisemitismus war in Wien zu Hause. Gerade Elise Richters Lebensspanne umfasst die Zeiten des sich stetig steigernden Judenhasses bis hin zur totalen Vernichtung im Nationalsozialismus*«[19], schildert Christiane Hoffrath diese

Zeit. Elise verliert ihre Lehrerlaubnis, da sie wegen ihrer Großeltern als »Volljüdin« gilt. Die Geschwister dürfen weder Bibliotheken, Konzerte noch Theater und Kliniken besuchen und leben in ständiger Angst davor, deportiert zu werden. Sie leiden an Hunger und Kälte, da die kleine, monatliche Rente unregelmäßig kommt.

In ihrer fast expressionistisch verfassten Autobiografie von 1940 zieht Elise Richter eine positive Lebensbilanz

Dennoch lehnen sie das Angebot der International Federation of University Women ab, nach England zu emigrieren. »Innerhalb weniger Wochen standen die Schwestern vor dem finanziellen Ruin«[20], so Hoffrath. In dieser Situation beschließen sie, ihre umfangreiche Bibliothek an die Kölner Universität zu verkaufen. »*Wir hatten nicht einen Heller mehr. Für die Abfindungssumme Heinissers hatte ich hundert Bücher verkauft, meine wertvollsten. Es war der erste Leichenwagen, der sie fortführte*«[21], schreibt Elise. Insgesamt erwirbt die Kölner Universität an die 3.000 Bücher. Die Schritte der Ausgrenzungen schildert Elise in ihrer fast expressionistisch verfassten Autobiografie von 1940. Parallel setzt sie ihre Studien fort, die in den Niederlanden und Italien erscheinen. »Elise Richter sah sich selbst nicht als Jüdin, aber als Frau mit jüdischen Wurzeln widerfuhr ihr während des Nazi-Regimes das gleiche Schicksal wie anderen Juden«[22], so Michaela Raggam-Blesch. Insgesamt zieht sie in den Memoiren eine positive Lebensbilanz: »*Wenn ich die Summe des Lebens ziehen soll, so möchte ich sagen: Als Mensch habe ich unendlich mehr empfangen als gegeben: Kunst, Natur, Liebe – ich kann nur dankbares Genießen als Gegenleistung anführen.*«[23] 1942 müssen die Schwestern in ein jüdisches Altersheim in Wien ziehen, von wo sie in das Konzentrationslager Theresienstadt deportiert werden, wo sie sterben.

In den Neunzigerjahren werden die Richter-Schwestern wiederentdeckt. Der österreichische Fonds zur Förderung der wissenschaftlichen Forschung legt 2006 das Elise-Richter-Programm auf, um hochqualifizierte, wissenschaftlich und künstlerisch tätige Frauen zu fördern. Die

Universität Wien würdigt 2003 die Romanistin mit dem »Elise-Richter-Saal« und einer Büste im Ehrenhof. Der Deutsche Romanistenverband verleiht seit 1999 einen Elise-Richter-Preis; der größte Teil der Bibliothek der Schwestern wurde von der Universitäts- und Stadtbibliothek Köln aufwendig rekonstruiert und an die Erben der Schwestern restituiert. Der Deutsche Anglistenverband stiftet einen Helene-Richter-Preis. Das Tagebuch von Elise Richter wird gerade an der Universität Wien digitalisiert. Außerdem sind Straßen nach den Schwestern benannt.

Der Studentenausweis von Elise Richter

1879–1978

Die deutsche
Archäologin und
Hochschullehrerin

Margarete Bieber

*»Der Erste Weltkrieg brach aus
und zerstörte mit einem Schlag mein
wunderbares Leben.«*

Es ist ein wichtiger Moment für die 95-jährige Margarete Bieber, als sie
die goldene Verdienstmedaille des Amerikanischen Archäologischen Instituts erhält. *»Ich habe den Eindruck, ich solle nicht eine Auszeichnung
für etwas bekommen, das die Freude und das Glück meines Lebens dar-
stellt«*[24], antwortet sie in ihrer Dankesrede. Der Preis krönt das Lebenswerk der deutschstämmigen Archäologin, die zu den Besten ihres Fachs
zählt. Eine Karriere als Archäologin war der Tochter eines wohlhaben-
den Industriellen, die 1879 im westpreußischen Schönau geboren wurde, nicht in die Wiege gelegt. Zwar spielt Bildung in der assimilierten

jüdischen Familie eine große Rolle, doch sind die Bildungswege der Kinder nicht gleichberechtigt geebnet. Während der Bruder aufs Gymnasium wechselt, muss Margarete den Besuch der Höheren Töchterschule in Dresden erkämpfen. Erst mit 22 Jahren macht sie Abitur. Die erste deutsche Juristin und Frauenrechtlerin Anita Augspurg, die zufällig zu Besuch in Margaretes Heimatort ist, überzeugt die Eltern, der Tochter ein Studium zu finanzieren, da das Frauenstudium nicht selbstverständlich war. In Berlin belegt Margarete als Gasthörerin Archäologie und wechselt 1904 zu Georg Loeschcke nach Bonn, der als einziger klassischer Archäologe Studentinnen fördert. Bis 1914 werden in diesem Fach deutschlandweit fünf Frauen promoviert – alle Schülerinnen des Bonner Ordinarius. Nach vier Semestern reicht Margarete Bieber ihre Arbeit über »*Das Dresdner Schauspielrelief. Ein Beitrag zur Geschichte des tragischen Kostüms und der griechischen Kunst*« ein. Ihre Forschungsthemen antike Kleidung und Theater sind gefunden. Als begnadeter Lehrer, der anhand einer Scherbe eine versunkene Welt heraufbeschwören kann, prägt Loeschcke Margarete Bieber maßgeblich.

Als Fach hatte sich die klassische Archäologie in Deutschland um 1850 aus der Altphilologie entwickelt – nachdem die Ausgrabungen in den verschütteten antiken Städten Pompeji und Herculaneum hundert Jahre zuvor eine wahre Massenfaszination ausgelöst hatten. Wie in einem Fixierbad konservierte die Lava den Moment des Schreckens. Während Abenteurer und Schatzsucher antike Stätten jahrhundertelang plünderten und Ohrgehänge, Statuen und Goldmünzen an Privatsammler und Museen verscherbelten, setzte sich nun die wissenschaftliche Erforschung durch. Die Altertumswissenschaften bleiben jedoch lange eine reine Männerdomäne. Nur wenige Frauen spielen als Mäzeninnen oder Privatgelehrte eine Rolle. So habilitieren sich bis 1960 in Deutschland nur vier Frauen in Archäologie. Eine davon ist Margarete Bieber.

Um die Antike im Original zu studieren, tauscht die junge Archäologin Bonn gegen Rom, wo sie in einer Pension am Forum Romanum lebt. Die Ewige Stadt mit ihren Monumenten und der Vielfalt an Museen fasziniert Bieber. Sie schließt sich einer internationalen Künstler- und Gelehrtengruppe an. Gemeinsam unternehmen die jungen Leute Exkursionen und feiern ausgelassen. Gleichzeitig bewirbt sich die junge Wissenschaftlerin um ein Reisestipendium des Deutschen Archäologischen Instituts (DAI), das sich nach 1871 zum Zentrum der archäologischen Wissenschaft entwickelt. Als erste klassische Archäologin gewinnt Margarete Bieber 1909 das noch heute prestigeträchtige Stipendium, das ihr eine ausgedehnte Forschungsreise im Mittelmeerraum ermöglicht. In Athen trifft sie auf jüngere Mit-Stipendiaten, die ihr skeptisch gegenüberstehen, bis Gerhart Rodenwaldt, der spätere Generalsekretär des DAI, das Eis bricht. In ihren unveröffentlichten Memoiren resümiert sie: *»[...] bald bildeten wir eine nette kleine Familie. Ich war die Mutter von fünf Adoptivsöhnen. Von da an wollten sie nicht mehr ohne mich reisen«*[25]. Gemeinsam besucht die Gruppe Grabungsstätten in ganz Griechenland: Fasziniert steht Margarete Bieber vor der Akropolis in Athen, dem Theater von Epidauros und Mykene, wo Heinrich Schliemann 1874 Ausgrabungen durchführte und mit der Wiederentdeckung des antiken Troja den Boom der Archäologie begründete. Sie katalogisiert Terrakotta-Fragmente, datiert bekannte Medaillons neu und veröffentlicht mehrere Aufsätze in Fachzeitschriften, die für Aufsehen bei den Kollegen sorgen. Wegen ihrer Leistungen wird sie – als erste Frau – korrespondierendes Mitglied des DAI. *»Das Leben in diesem frühen Paradies war wundervoll. Doch als ich gerade meinen 35. Geburtstag feierte, brach der Erste Weltkrieg aus und zerstörte mit einem Schlag mein wunderbares Leben.«*[26]

Ihre Seminare hält Margarete Bieber in ihrer geräumigen Wohnung zwischen Büchern, antiken Büsten und einem ausladenden Flügel

Zurück in Deutschland, trifft sie als Rote-Kreuz-Helferin 1915 ihre Mentoren Loeschcke und Rodenwaldt, die beide an der Berliner Universität lehren. Sie springt für zum Kriegsdienst eingezogene Kollegen ein und übernimmt nach Loeschckes frühem Tod die Dienstgeschäfte. Sein Nachfolger verbietet ihr das Unterrichten, weshalb sie die Seminare in ihre geräumige Wohnung in einer Residenz für alleinstehende Frauen verlegt. Zwischen Büchern, antiken Büsten und einem ausladenden Flügel trifft sich die künftige Archäologen-Elite. Parallel arbeitet sie an einem Buch über das Theater in der Antike. Da Rodenwaldt inzwischen in Gießen lehrt, reicht sie ihre Habilitation an der dortigen Universität ein. Ein Gutachten erlaubt die Frauenhabilitation, womit Gießen zum Vorreiter wird. Im Deutschen Reich können Frauen erst ab 1920 habilitieren. Ihre Probevorlesung widmet sie 1919 der »*Kleidung der griechischen Frau*«, die in ihr Standardwerk über die Geschichte der griechischen Tracht einfließt. Die griechische Tracht, die durch Drapieren eine Vielfalt an Formen ermöglicht, wird für Margarete Bieber zum Vorbild für das Reformkleid, das in den Zwanzigerjahren en vogue ist. Die schlichten Kleider fördern den natürlichen Bewegungsfluss und

Rechts: Margarete Bieber 1942 in New York
Ausgrabungsstätte in Griechenland

die grazile Leichtigkeit. In mehreren Fotosessions im Institut kleidet sie Modelle in griechische Gewänder, parallel erweckt die amerikanische Tänzerin Isadora Duncan griechische Skulpturen im Tanz zum Leben.

1922 erhält Margarete Bieber in Gießen den ersten bezahlten Lehrauftrag, womit sie endlich im Alter von 43 Jahren unabhängig von der väterlichen finanziellen Unterstützung wird. Bei Kollegen beliebt, prägt sie Studenten-Generationen, mit denen sie Exkursionen zu nahegelegenen römischen Ausgrabungen unternimmt und die Funde diskutiert. Dank der »Bieberin« steigen die Studentenzahlen am Institut. Als Autorität für Theater- und Kostümgeschichte zeichnet sie die American Association of University Women mit einem Forschungsstipendium aus, das ihr ausgedehnte Reisen nach London, Paris, Rom und Istanbul erlaubt. Zum wissenschaftlichen Erfolg gesellt sich privates Glück. Mit 54 Jahren adoptiert sie das Waisenkind Ingeborg und lebt fortan mit ihm und der Haushälterin als Familie zusammen.

Kurz bevor sie zur ordentlichen Professorin berufen werden soll, enden die »glücklichen und fruchtbaren«[27] Jahre 1933 abrupt. Aufgrund ihrer jüdischen Wurzeln versetzen die Nationalsozialisten Margarete Bieber ohne Pension in den Ruhestand, obgleich sie sich zum Altkatholizismus bekennt. Ihr Versuch, sich als völkische Deutsche zu präsentieren, nutzt ebenso wenig wie ein Brief ihrer Studenten: »Wir haben Sie in den Jahren unseres Studiums als eine ausgezeichnete Gelehrte kennengelernt, die uns durch Fleiß, Beharrlichkeit und wissenschaftliche Methode ein leuchtendes Vorbild deutschen Forschertums war. [...] Seien Sie, liebe Frau Professor, überzeugt, dass wir allezeit mit Freude und Stolz uns Ihre Schüler nennen werden.«[28]

Als die Nazis drohen, ihr die Adoptivtochter zu nehmen, emigriert die Familie nach Oxford. 1934 folgt Margarete Bieber der Einladung an ein New Yorker Mädchencollege. Mit 55 Jahren startet die Archäologin – unterstützt von Kollegen in den USA – erneut durch: Sie erkämpft eine Assistenzprofessur an der Columbia University, unterrichtet auf Englisch und publiziert in renommierten amerikanischen Fachzeitschriften. 1940 nimmt sie die amerikanische Staatsbürgerschaft an, nachdem auch ihre Familie samt Hausrat in die USA gekommen ist. Auf eine Anfrage des DAI, die den Ausschluss jüdischer Mitglieder zum Ziel hat, antwortet sie selbstbewusst: »*Ich bin kein Jude und fühle mich nicht als Jude. Ich glaube jedoch, dass ich im Sinne des Reichsgesetzbuches Jude bin. Ich werde jedenfalls bald kein Deutscher mehr sein, sondern ab 1940 ein stolzer Bürger des freien Landes Amerika.*«[29]

Acht Jahre später wird Margarete Bieber aus Altersgründen in den Ruhestand versetzt. Da die Rente nicht reicht, bemühen sich Freunde um Lehraufträge. Überraschend erhält sie 1949 als erste Frau eine Gastdozentur an der renommierten Princeton University. Bis ins hohe Alter hinein publiziert sie umfangreiche Bücher über Themen, die ihr am Herzen liegen und die heute als Standardwerke der Archäologie gelten, wie *The Sculpture of the Hellenistic Age* (1955) und *Ancient Copies, Contribution to the History of Greek and Roman Art* (1977). Gleichzeitig führt sie eine ausgiebige Korrespondenz diesseits und jenseits des Atlantiks, besucht mit Vorliebe Museumsdepots, um vergessene Schätze aufzuspüren, interessiert sich für moderne Kunst und macht ihr Appartement in Manhattan zum intellektuellen Treffpunkt für Jung und Alt. Als späte Wiedergutmachung ernennt die Universität Gießen sie 1959 zur ersten und bisher einzigen Ehrensenatorin; 1971 wird sie in die American Academy of Arts and Sciences gewählt und für ihr Lebenswerk mit zahlreichen Auszeichnungen geehrt. Scherzhaft heißt es in ihren Memoiren: »*Ich bin für Archäologen das, was die Freiheitsstatue für Touristen ist. Sie kommen immer wieder, um zu sehen, ob die alte Lady noch da ist. Und ob sie noch arbeitet.*«[30] Sie stirbt 1978, im Alter von 98 Jahren umsorgt von Tochter, Kollegen und Schülern.

1893–1979

Die deutsch-
schweizerische
Kunsthistorikerin
und Kunstkritikerin

Carola Giedion-Welcker

*»Die großen Maler und die großen
Plastiker sind [...] Seismographen kommender
Entwicklungen.«*

Ihr Markenzeichen sind Greta-Garbo-Hüte. Als die Sammlungskommission des Züricher Kunsthauses 1967 über den Erwerb eines Max-Ernst-
Bildes diskutiert, wandert die Kunsthistorikerin Carola Giedion-Welcker
auf und ab und schüttelt den Kopf, »was durch den breitrandigen Hut,
der ja wie ein Markenzeichen zu ihr gehörte, augenfällig und effektvoll
unterstützt wurde«, so ihr Sohn. »Und wie der unglückliche Kritiker
zum Höhepunkt seiner Ablehnungstirade ansetzte, baute C.W. sich vor
ihm auf und zerfetzt mit wenigen Worten dessen unqualifizierte Beck-

messerei. Verdutzt entfuhr diesem: ›Dann halten Sie mich für einen Tubel [Schweizerdeutsch: Dummkopf]‹? Die Antwort kam rasch, bestimmt, beinah triumphierend: ›Ja.‹«[47]. Ihr deutliches Urteil mag ein väterliches Erbe sein. Schon der Kölner Bankier Welcker focht vehement gegen den »Strohmänner-Unfug« im Aktienrecht und behielt langfristig recht.

1893 kommt Carola Welcker in Köln zur Welt. Die großbürgerlichen Eltern schicken ihre Tochter auf das erste Kölner Mädchengymnasium. Die Mutter, eine Amerikanerin, legt Wert auf eine gute Erziehung. Nach dem Abitur 1911 schreibt die Tochter sich auf Wunsch des Vaters zum Wintersemester in Bonn für Archäologie ein, schon zu Schulzeiten hört sie Vorlesungen des Archäologen Georg Loeschcke, der sie für archaische Formen begeistert. Sie brennt für zeitgenössische Kunst, wechselt zur Kunstgeschichte und studiert mit den Künstlern Max Ernst und Paul A. Seehaus, der sie als »*Wegweiser eines neuen Sehens*«[48] fasziniert und ihr den Zugang zu dem finnischen Nationalepos Kalevala öffnet. Samstags trifft sie sich im avantgardistischen Gereonsklub im Atelier der expressionistischen Künstlerin Olga Oppenheimer mit Kunstfreunden, wo auf Einladung des Malers August Macke Nachwuchstalente wie Gustav Klimt, Pablo Picasso oder Robert Delaunay ausstellen. Im Elternhaus stößt Carola Welckers Faible für die Moderne auf Unverständnis. Der Vater favorisiert Landschaftsmaler der Düsseldorfer Schule. »*Während mein Vater immer noch von den Malern der Düsseldorfer Akademie Andreas und Oswald Achenbach schwärmte, interessierten mich in den Nachkriegsjahren die ersten Dada-Raketen, die Max Ernst und sein Kreis [...] statt (...) als provozierende Anrufe dem konsternierten rheinischen Publikum damals entgegenschleuderten*«[49], erinnert sich die Wahl-Züricherin.

Nach ihrer Promotion 1922 verabschiedet sich Carola Welcker von der universitären Kunstgeschichte und widmet sich fortan der Moderne

Fasziniert von der immer abstrakter werdenden Malerei besucht sie die Vorlesungen des Kunsthistorikers Wilhelm Worringer. Dieser hat mit seiner aufsehenerregenden Dissertation »*Abstraktion und Einfühlung*« 1907 den Nerv der Zeit getroffen. Der »*Ziehvater der Abstrakten*« sieht in der gegenstandslosen Malerei eine ordnende Antwort auf eine Krisensituation, wie sie zyklisch seit Jahrtausenden auftrete. Worringers Kunsttheorie weist eine Nähe zu den Theorien des einflussreichen Schweizer Kunsthistorikers Heinrich Wölfflin auf, der in München lehrt. 1915 wechselt Carola Welcker in die Isarstadt und wohnt in Schwabing, der Hochburg der Boheme. Bereits im Juli lädt Wölfflin die Kölnerin zum Studentenabend nach Hause ein. Rasch gehört sie zum illustren Schülerkreis, mit dem Wölfflin seine gerade veröffentlichten *Kunstgeschichtlichen Grundbegriffe* diskutiert. In seinem epochemachenden Werk arbeitet der Gelehrte Gesetzlichkeiten der Kunst heraus, die er in Gegensatzpaaren wie »linear und malerisch« einander gegenüberstellt. Statt die Kunst in Epochen einzuteilen, setzt Wölfflin auf wiederkehrende Stilelemente.

In München freundet sich Carola Welcker mit einer Gruppe junger Schweizer an, mit denen sie Skitouren, Wanderungen und Segeltörns unternimmt. Am Ruder segelt oft Sigfried Giedion, ein Maschinenbauingenieur, der bei Wölfflin promoviert. Carola und Sigfried verbindet die Faszination für die Moderne und für linke Überzeugungen. Nach Kriegs- und Hungerjahren begrüßen sie die Münchner Räterepublik unter dem Sozialisten Kurt Eisner, dessen Ermordung das Paar schockiert. Wie um der Turbulenz zu trotzen, heiraten sie 1919 in der Schweiz. 1922 sind beide promoviert, nachdem Wölfflin altherrenhaft kommentierte: »*Wir müssen uns beeilen, dass Sie nicht erst nach Ihrer Gattin promovieren.*«[50] In ihrer Dissertation beschäftigt sich Carola Welcker, auch C.W. genannt, mit dem Rokoko-Bildhauer Johann Baptist Straub, der bayerische Klöster und Kirchen mit raumgreifenden Altären und Figuren ausstattete – und verabschiedet sich damit von der universitären Kunstgeschichte. Wie ihr Mann Sigfried widmet sie sich fortan der Moderne: Er publiziert in den späteren Jahren über Architektur, sie vor allem über Bildhauer. »In einer Zeit, wo eine emanzipierte und selbständig tätige Frau eine Seltenheit war, knüpfte Carola Giedion-Welcker an die intel-

lektuelle Kette an, die seinerzeit Gertrude Stein eröffnet hatte und welche Katherine Dreier und Peggy Guggenheim fortsetzten«[51], heißt es in
dem Nachruf in der *Neuen Zürcher Zeitung.*

1923 besucht der Architekturhistoriker Giedion das Bauhaus, wo
die Begegnung mit Walter Gropius und László Moholy-Nagy zum
Schlüsselerlebnis wird. Giedion reüssiert zu einem der prominentes-
ten Propagandisten der modernen Architekturbewegung und fasst
seine Gedanken in der zunächst in Englisch erschienenen Studie *Raum,
Zeit, Architektur – Die Entstehung einer neuen Tradition* zusammen.
Gemeinsam mit Le Corbusier gründet er 1928 die Congrès Internatio-
naux d'Architecture Moderne (CIAM). Als Generalsekretär arbeitet und
publiziert er zusammen mit den international führenden Architekten
seiner Zeit, die sich mit dem Ehepaar anfreunden. Auch zu den Künstlern Wassily Kandinsky, Piet Mondrian und Constantin Brâncuşi entstehen enge Beziehungen, die das Paar unabhängig voneinander pflegt.

Nach dem Tod der Schwiegereltern ziehen die Giedions mit zwei
Kindern 1926 in die Villa im Züricher Doldertal. Zwischen Bücherstapeln

James und Nora Joyce (links) sowie Hans Curjel und
Carola Giedion-Welcker in Luzern, 1934

und Sesseln kommen Künstler und Architekten der Avantgarde zusammen, um zu diskutieren, gut zu essen und auf Skiern die Pisten hinunterzujagen. Max Ernst, László Moholy-Nagy oder Hans Arp wohnen wochenlang dort. Arp hatte mit anderen Exilanten 1916 in Zürich die antibürgerliche Dada-Bewegung gegründet, die dem Wahnsinn des Krieges wilde Tänze und sinnentleerte Lautgedichte entgegensetzte und die traditionelle Kunst erschütterte. In Zürich stoßen die Giedions auf Widerstand mit ihrer Ansicht, ein Museum müsse zum Laboratorium zeitgenössischer Kunst werden. Doch bereits 1929 organisiert das Paar gemeinsam mit Arp im Kunsthaus Zürich die Ausstellung *Abstrakte und Surrealistische Malerei und Plastik* mit rund 150 unbekannten Exponaten.

In der Schau sind der niederländische Künstler Piet Mondrian, der Surrealist Max Ernst sowie der Merz-Künstler Kurt Schwitters ebenso vertreten wie der rumänische Bildhauer Constantin Brâncuşi oder der Surrealist René Magritte. Schwitters und Arp tragen dadaistische Lyrik vor und jonglieren mit Klängen, Farben und Worten. Das Züricher Publikum ist teils begeistert, teils entsetzt. Ein Jahr später kuratieren die Giedions die Ausstellung *Produktion Paris 1930* über zeitgenössische Künstler aus Frankreich. In ihrer Rede führt Carola Giedion-Welcker in das neue Sehen ein: *»Die großen Maler und die großen Plastiker sind – wie übrigens die produktiven Kräfte auf allen Gebieten – Seismographen kommender Entwicklungen.«*[52] Mit den ausgestellten Künstlern sind die Giedions vernetzt. Die lebensfrohe Rheinländerin findet in Paris mit seinen Straßencafés, seiner Eleganz und Vitalität sowie der flirrenden intellektuellen Atmosphäre eine zweite Heimat. *»[Piet Mondrian] war damals mit letzter Akribie auf moderne Tänze eingestellt, und oft tanzten wir zusammen in der Nähe des Café du Dôme im Montparnasse.«*[53]

In der legendären Pariser Buchhandlung Shakespeare and Company in der Rue de l'Odéon trifft sie 1928 den irischen Schriftsteller James Joyce. Über ihr Treffen erzählt sie: *»[...] mein Eindruck von ihm war wie von einem plötzlich erscheinenden Nordlicht.«*[54] Sein Roman *Ulysses* hatte sie nach dem Erscheinen so fasziniert, dass sie über ihn schreibt. Sie begeistert, wie Joyce den Leser unmittelbar am Bewusstseinsstrom, der Zerrissenheit der Protagonisten teilhaben lässt, indem er die inneren Monologe seiner Hauptakteure unkonventionell kombi-

niert. Es entwickelt sich eine intensive Freundschaft. Joyce lernt Zürich lieben und schreibt Teile seines Buchs *Work in Progress* im Doldertal. *»Die essentielle Identität alles Menschlichen unter der Varietät der äusseren Erscheinung aufzudecken, ist der Kernpunkt«*[55], interpretiert die Kunsthistorikerin dieses Werk. Mit ihrem Faible für Avantgarde-Poesie eines Arthur Rimbaud oder Alfred Jarry wird sie zur Expertin für den irischen Schriftsteller und publiziert zahlreiche Aufsätze über ihn.

Die Weltwirtschaftskrise und das Aufkommen des Nationalsozialismus in Deutschland engen das Spielfeld der Kubisten, Surrealisten und Dada-Künstler ein. Künstlerfreunde wie der Architekt Gropius oder die Kandinskys emigrieren ins Ausland. Andere leben am Existenzminimum. Auch die Giedions, die ihr Auskommen im Wesentlichen aus dem Erbe beziehen, müssen umdisponieren. Anfang der Dreißigerjahre entstehen in Zusammenarbeit mit dem befreundeten Bauhausarchitekten Marcel Breuer im Garten der Villa Mehrfamilienhäuser im Stil des Neuen Bauens. Giedion gründet die Wohnbedarf AG mit, die funktionsgerechte

In ihrer wichtigen Publikation »Plastik des XX. Jahrhunderts« (1955) würdigt Carola Giedion-Welcker die Künstler der Moderne; auf dieser Doppelseite sind Hans Arps Steinskulpturen »Concrétion Humaine« von 1936 in Szene gesetzt.

und erschwingliche Möbel herstellt. 1937 emigriert Breuer in die USA, wo er mit Walter Gropius in Harvard die Architekturfakultät reformiert. Beide verschaffen Giedion 1938 einen Ruf. Während ihr Mann bis in die Sechzigerjahre sowohl in den USA als auch an der ETH Zürich lehrt, bleibt seine Frau in der Schweiz und kümmert sich um Kinder, Villa und die Doldertalhäuser.

In den USA sorgt Sigfried Giedion dafür, dass das 1937 auf Deutsch und Englisch erschienene Buch seiner Frau *Moderne Plastik, Elemente der Wirklichkeit, Masse und Auflockerung* ein begeistertes Echo findet. Die Kunstkritikerin stellt prähistorische Skulpturen Plastiken von 37 meist zeitgenössischen Bildhauern gegenüber. Der Vergleich zwingt zum Perspektivwechsel. Zeitgenössische Skulptur wird in eine ungewohnte Genealogie einsortiert, womit sich das Feld für Imagination und Fantasie öffnet. Bildhauer steuern Fotos ihrer Werke aus unterschiedlichen Perspektiven bei. Meisterhaft versteht es Carola Giedion im Dialog mit Künstlern, diese zu Einblicken in ihren Schaffensprozess zu bewegen. Der Nachruf der *Neuen Zürcher Zeitung* beschreibt, wie Carola Giedion mit den großen Künstlern ihrer Zeit intensiv befreundet sein konnte, ohne sich anzubiedern. »Diese geistigen Freundschaften waren die eigenen Quellen ihres kunsttheoretischen Werkes. Sie hat sie nie zu einem billigen Journalismus missbraucht, sondern – wiederum wissenschaftlich diszipliniert – als Reflexionen zur Umsetzung in eine ›theoretische‹ Ebene verwendet.«[56]

Im angelsächsischen Raum wird das Buch über Skulpturen zum bahnbrechenden Standardwerk. In Deutschland fällt es der nationalsozialistischen Kunstpropaganda zum Opfer. 1937 eröffnet in München die Ausstellung »Entartete Kunst«. Die Nationalsozialisten konfiszieren rund 20.000 Werke der klassischen Moderne und brandmarken sie als »Verfallserscheinung«. Künstler wie Paul Klee, Max Pechstein, Ernst Ludwig Kirchner oder Max Ernst fürchten um ihre Existenz. Das Doldertal 7 wird zum Rettungsanker und Zufluchtsort. Wöchentlich lädt C.W. hier zum Kunstsalon ein. Sie sorgt dafür, dass Joyce mit seiner schizophrenen Tochter nach Zürich emigrieren kann.

Nach dem Zusammenbruch erhalten die überall versprengten Freunde und Verwandten Pakete mit Essen, Büchern und Kleidern. Die westliche Kunstwelt feiert nach 1945 die Abstraktion und entdeckt die Werke der Surrealisten, Kubisten und Futuristen neu. In kurzer Folge veröffentlicht Carola Giedion-Welcker Biografien über Hans Arp und Constantin Brâncuşi, die sie gemeinsam mit den Künstlerfreunden entwickelt. Ihr Buch über Paul Klee entsteht auf Initiative von dessen Witwe Lily, die sie in die Nachlasskommission bittet. Poetisch leitet sie ihre Monografie ein: »*Durch Klees Werke zu wandern, ist ein wundersames und schönes Abenteuer, ein Abenteuer des Geistes und des Herzens.*«[57] Auch ihr Buch über Skulpturen erlebt 1955 eine erweiterte Neuauflage. Ihre Künstlerfreunde überzeugt sie durch ihre unbeirrbare Liebe zu ihren Werken. Hierfür bedankt sich Kurt Schwitters 1947: »Bin ich wirklich all das? Den Tatsachen nach muss ich es sein. Ich schrieb Miss Mille vom Museum of Modern Art, dass das das Beste ist, was je über mich geschrieben worden ist. [...] Haben Sie Kunstgeschichte richtig studiert? Ich weiss sonst nicht, woher Sie all Ihre Kenntnisse nehmen, noch Ihr Herz, sie richtig zu verteilen.«[58]

Als Grande Dame der Moderne avanciert C.W. zur international renommierten Kunstexpertin und wichtigsten Kunsthistorikerin des 20. Jahrhunderts, »*mit ängstlichem Respekt und Scheu verehrt, mehr bewundert als beliebt*«[59]. Ihre intensiven Freundschaften mit führenden Künstlern machen sie zur begehrten Vortragenden. In ihrer Rede zur Eröffnung der Max-Ernst-Ausstellung im Züricher Kunsthaus 1963 erinnert sie sich: »*Als Wesentliches bleiben, rückblickend, des Künstlers unbeirrte und ahnungsvolle Abwendung von der einst gesicherten, heute immer mehr in Frage gestellten Welt materieller ›Wirklichkeiten‹ sowie seine abenteuerliche Reise durch die Bezirke des Seelischen*[60] «. Der Schlüssel zum Verständnis der modernen Kunst liegt für sie in den über Jahrtausende gültigen

Freundin großer Hüte

Symbolen prähistorischer Werke. Gemeinsam mit ihrem Mann spürt sie diesen Kunstwerken bei zahlreichen Reisen nach Cornwall, Stonehenge, nach Mexiko und Peru nach, wobei sich das Paar inspiriert und fördert.

Carola Giedion fördert bis ins hohe Alter junge abstrakte Künstler

Für das Kunsthaus Zürich wird Carola Giedions Expertise zum Glücksfall: Für zehn Jahre bestimmt sie in der Sammlungskommission der Züricher Kunstgesellschaft die Sammlungspolitik mit und sorgt dafür, dass Werke von Max Ernst, Kurt Schwitters, Le Corbusier und Eduardo Chillida angeschafft werden. Auch in ihrer Villa umgeben sich die Giedions mit zeitgenössischen Kunstwerken, die sie entweder erwerben oder die ihnen von Freunden geschenkt werden. Kunst bleibt dabei Teil des Alltags. Ein Werk der Malerin Hannah Höch schmückt das WC, ein Doppelporträt des Kubisten Louis Marcoussis hängt über ihrem Schreibtisch. Bis ins hohe Alter fördert C.W. junge, unbekannte Künstler wie den Schweizer Graffiti-Künstler Harald Naegeli oder den abstrakten Expressionisten Hugo Weber und bewahrt sich Wissbegierde, Ausstrahlung und Neugier. In der Zeitschrift *Werk – Archithese* charakterisiert sie ein Nachruf folgendermaßen: »Für viele mag sie ein Mythos gewesen sein, eine grande dame der modernen Kunstkritik: späte Zeugin einer frühen, inzwischen historisch entrückten Avantgarde.«[61]

C.W. stirbt 1979, elf Jahre nach ihrem Mann, in Zürich. Zwei Jahre zuvor war die Wahl-Züricherin für ihr Engagement mit der Auszeichnung für Verdienste um das kulturelle Schaffen der Stadt Zürich geehrt worden. Derzeit erforscht ein Projekt des Instituts für Geschichte und Theorie der Architektur in Zürich den Nachlass des Paares.

Im Züricher Arbeitszimmer von Carola Giedion-Welcker, 1960er-Jahre

»Arbeit ... um die Schäden dieser Welt endlich in Ordnung zu bringen.«

Die Gründerin des Müttergenesungswerks **Elly Heuss-Knapp**

KAPITEL 4

Im Einsatz für das Wohl des Einzelnen und der Gesellschaft

Arbeitslosigkeit, Armut, sinnentleerte Akkordarbeit in Fabriken sowie der Zerfall von Gemeinschaft überfordern viele Menschen, die Flucht in Alkohol und Prostitution ist die Kehrseite der neuen, fortschrittlichen Welterfahrung. Das ruft in der Schweiz die Anti-Alkohol-und Abstinenzbewegung auf den Plan. Wo früher die Kirche half, greift vermehrt die staatliche Fürsorge ein: mit Mädchenhorten, Arbeiterheimen und Trinkeranstalten. Die soziale Arbeit professionalisiert sich auf Druck der bürgerlichen Frauenbewegung. Neben den ehrenamtlich tätigen Damen kommt die Fürsorgerin oder die Sozialarbeiterin ins Spiel. In Berlin etabliert Alice Salomon 1908 die Soziale Frauenschule und begründet damit das Berufsfeld der Sozialarbeit. Vor allem die Volkswirtschaftslehre und die von Max Weber geprägte Soziologie erforschen die vielfältigen gesellschaftlichen Umwälzungsprozesse – mit dabei sind Forscherinnen wie die österreichische Sozialreformerin Käthe Leichter. Der Aufbruch um 1900 mündet zudem in der sogenannten Lebensreformbewegung. Frei von gesellschaftlichen Zwängen soll die Jugend aufwachsen. Überall sprießen Reformschulen und Internate aus dem Boden. Der erwachsene »nervöse« Mensch – schwindelig vom Temporausch des technischen und sozialen Fortschritts – sucht Hilfe bei Naturkost, kalten Güssen und der Psychoanalyse. Gerade viele Frauen lassen sich als Psychoanalytikerinnen ausbilden.

1864–1947

1874–1964

Die Freundschaft zwischen
der Chemikerin und Sozialreformerin

Marie Baum

und der Schriftstellerin und Historikerin

Ricarda Huch

»Es gibt ein Herz, das mit einem schlägt.«

Die Memoiren der Sozialreformerin Marie Baum enden mit dem Tod der
Schriftstellerin Ricarda Huch 1947: *»Ricarda war mir nicht nur der liebste
Mensch, in dessen Liebe ich selber ruhte, sondern sie war mir, soweit man
das vom Menschen sagen darf, das Maß«*[14], schreibt Marie dort. Nach

Ricardas Tod prägt Marie das Bild der Freundin maßgeblich mit, bemüht, den Bedeutungsverlust Huchs als Nationaldichterin in der Nachkriegsgesellschaft zu kompensieren. Während Marie in Ricarda einen *»weiblichen Goethe«* sieht, begnügt sie sich mit der Rolle des Goethe-Vertrauten Eckermann. 1950 erscheint eine Biografie von Marie über Ricarda, *Leuchtende Spur,* fünf Jahre später gibt Marie den *Briefwechsel mit Freunden* heraus, für den sie sorgsam Briefe auswählt. In den Fünfzigerjahren übergibt Marie ein Briefkonvolut von rund 1600 Briefen an das Deutsche Literaturarchiv Marbach und legt damit den Grundstock des Ricarda-Huch-Archivs.

Ricarda war der *»Mensch, den ich befragte, auf den ich schaute, wie seine Zeitgenossen es mit Goethe hielten, der Mensch, dessen Urteil mir klar und umfassend erschien«*[15], heißt es in Maries Memoiren. Die Danziger Arzttochter sehnt sich nach der Anerkennung der bewunderten zehn Jahre älteren Dichterin. Ricarda genießt Maries Schwärmerei und wendet sich in Krisen an sie. Kennengelernt haben sich beide 1893 in einer Züricher Pension. Nach dem Abitur studiert die 19-jährige Marie in Zürich Chemie an dem dortigen Polytechnikum. Die 29-jährige Ricarda arbeitet in *»quälender Beklemmung«*[16] als Bibliothekarin und Lehrerin. Als eine der ersten Frauen hat sie 1891 ihr Geschichtsstudium mit einer Promotion über *»Die Neutralität der Eidgenossenschaft während des Spanischen Erbfolgekrieges«* an der Züricher Universität beendet. »Schuld daran« ist die resolute Großmutter, die ihre Enkelin lieber als Studentin weiß statt als Geliebte des Schwagers in Braunschweig. Um einen Skandal zu verhindern, schickt die Familie die 22-Jährige 1887 zum Abitur in die Schweiz, denn diese ist nicht bereit, ihre Liebesbeziehung mit Richard Huch zu beenden, der nicht nur der Mann ihrer Schwester, sondern auch ihr Vetter ist. Richard genießt die leidenschaftliche Liebe, ohne jedoch seine Familie zu verlassen. Als kurz danach Ricardas Vater stirbt, macht die Familie die ungehorsame Tochter für den Tod verantwortlich – und wendet sich ab.

Ricarda schart daraufhin in Zürich einen Freundinnenkreis um sich, zu dem die Historikerin Hedwig Waser, die Juristin Frieda Duensing, die Zoologin Marianne Plehn und Marie Baum gehören, die mit der Bildhauerin Käthe Kollwitz befreundet ist. Gemeinsam verbringen die Studentinnen ihre Freizeit. Für Marie bürgert sich der Name »Bäumchen« ein. *»Ein besonderer Reiz Bäumchens war ihr glockenhelles melodisches Lachen, das so oft, so oft in jener glücklichen Zeit ertönte«*[17], erinnert sich Ricarda, die in ihrer Liebe aufgeht. *»Ricarda litt unter ihrer Leidenschaft ebenso, wie sie unerschöpfliches Glück aus ihr zog«*, schreibt Marie und fährt beschönigend fort: *»Niemals hat sie geleugnet, dass sie Schuld auf sich lud, aber auch nie geschwankt, dass es so sein müsse.«*[18] Dichtung und Wahrheit verweben sich, als Ricardas erster Roman *Erinnerungen von Ludwig Ursleu dem Jüngeren* 1893 erscheint, für den die Familiengeschichte mit Suiziden, Bankrotten und südamerikanischen Abenteuern die Vorlage bildet. Während die Huchs entsetzt reagieren, jubeln die Freundinnen. *»Es wird niemanden verwundern, dass ich, zwanzigjährig, berauscht von dem Ursleuen-Roman, die zwischen Ricarda und Richard – Galeide und Ezard – aufgeflammte Leidenschaft in eine Reihe mit den Leidenschaften der berühmtesten Liebespaare der Menschheitsgeschichte stellte, an welche die sonst üblichen Maßstäbe anzulegen, einem nicht in den Sinn kommt«*[19], schreibt Marie.

In der Schule existiert weniger Verständnis für Ricardas literarische Ambitionen. Der Direktor fürchtet um den Ruf der Schule. Da das Erbe aufgebraucht ist, muss Ricarda Geld verdienen. Finanzsorgen belasten nach dem Tod des Vaters 1896 auch Maries Familie. Die Mutter möchte jedem ihrer sechs Kinder eine Ausbildung finanzieren. Um die Witwe zu entlasten, erkämpft Marie eine bezahlte Assistentenstelle und beginnt, nach der Promotion 1899 in der Patentabteilung der AGFA in Berlin zu arbeiten. Glücklich in ihren Berufen werden die Freundinnen nicht. Marie leidet an der Abstraktheit ihrer Arbeit, Ricarda an *»Schulüberdruss«*. Trotz guter Aussichten kündigt Marie 1902. Die Sozialreformerin Alice Salomon empfiehlt sie an das badische Innenministerium, wo sie als Gewerbeinspektorin kontrolliert, wie Betriebe die gesetzlichen Arbeitsschutzbedingungen für Frauen und Kinder umsetzen. *»Die Arbeitszeit der Jugendlichen betrug ausschließlich der Pausen 10 Stunden; für die erwachsenen Männer gab es keinen Maximalarbeitstag, so dass man in den Sägewerken der Nebentäler noch auf 14-stündige Schichten stoßen konnte; die Arbeitszeit der Frauen wurde gerade um jene Zeit von 12 auf 11 Stunden herabgesetzt«*[20], schildert sie die bedrückende

Situation. Ihr Kampf um bessere Konditionen stößt im Ministerium auf Abwehr. In einem Artikel kommentiert der Soziologe Max Weber bissig, warum Marie – als einzige Beamtin im höheren Dienst in der Weimarer Republik – nach fünf Jahren kündigt:

»Außerhalb wie auch innerhalb der Fabrikinspektion erhob sich die bedrohte männliche ›Geschlechtseitelkeit‹ bei dem fürchterlichen Gedanken, dass eine Frau den Staat ›nach außen repräsentieren‹, womöglich gar ›Verfügungen‹ erlassen solle, die dann von Männern, zähneknirschend natürlich ob dieser Pantoffelwirtschaft, auszuführen wären.«[21]

Auch Ricarda hatte 1897 beschlossen, beruflich neue Wege einzuschlagen und ausschließlich als Schriftstellerin zu arbeiten. Im gleichen Jahr scheitert ihre Liebe. Richard kehrt nach dramatischen Wochen in die Familie zurück. Ein Jahr später heiratet Ricarda den italienischen Zahnarzt Ermanno Ceconi – ohne die Freundinnen einzuladen. Wie sehr Ricardas Wahl sogar die loyale Marie erschüttert, zeigen ihre Memoiren: *»Er war ein ungewöhnlicher Mensch – und doch, was zog die erfolgreiche, mit dem Bau ihres dichterischen Werks beschäftigte vierunddreißigjährige Frau zu diesem um sieben Jahre jüngeren Mann. Er war Italiener und ihr, der Niedersächsin, in vielem wesensfremd. Seine beruflichen Aussichten waren noch gering, die Sorge für die Angehörigen bildeten eine drückende Last.«*[22] Das Paar zieht nach Triest. Da Ermanno

Die Freundinnen Marie Baum und Ricarda Huch lernen sich am Züricher Polytechnikum – seit 1911 ETH – kennen.

wenig verdient, publiziert Ricarda viel, wie den ersten Band ihrer literaturwissenschaftlichen Studie »Die Romantik«. »Ceconis Doppelverhältnis zum Leben, das in einem fast grausamen Wirklichkeitssinn und daneben reinster Phantastik bestand, hat sicherlich Ricarda das Verständnis für manche, ihrer eigenen Wesensart fremde Menschen der Romantik erschlossen«[23], erläutert Marie. Als Ricarda schwanger wird, eilt Marie in die österreichische Hafenstadt. Die Geburt 1899 schweißt zusammen. Ricarda schreibt: »Mich erinnert es an den schönsten Augenblick meines Lebens, als ich, nachdem Busi ans Licht gekommen, in Deinen und Mannos Armen erwachte. Wie wundervoll, einen Augenblick erlebt zu haben, an den man sich in jeder Epoche seines Lebens mit der gleichen Innigkeit erinnern kann.«[24] Die Eltern nennen das Kind Marietta nach der Patin Marie.

Marie Baum kooperiert eng mit dem Bund deutscher Frauenvereine und trägt maßgeblich zur Professionalisierung der sozialen Arbeit bei

Schließlich hilft Marie dem Zahnarzt, eine Praxis in München zu gründen, wohin die Familie 1900 gezogen ist. Manno pendelt zwischen Praxis und Café Luitpold, während Ricarda im Sommerhäuschen arbeitet. Es mutet wie eine Ironie des Schicksals an, dass Manno ausgerechnet mit Richards Tochter Käte einen Flirt beginnt. Ricarda besteht daraufhin auf einer Aussprache mit Richard, die erneut in einer Affäre mündet. Da Ricardas Schwester in die Scheidung einwilligt, folgt auf die Trennung der Paare 1907 die Hochzeit von Ricarda und Richard. Doch was als Traum beginnt, endet im Desaster. Richard erträgt weder Ricardas Zuneigung noch ihre Tochter. Nur eine Trennung kann den Rosenkrieg in Braunschweig beenden. Nach ihrer Rückkehr nach München vergisst die Dichterin ihre Scheidungen und versteht, dass Richard für sie jahrelang ein Trugbild romantischer Vorstellungen war. Glücklich macht sie das Zusammenleben mit Marietta. »In diesen Jahren wird die Ricarda geboren, die Fernerstehenden und vor allem solche der jüngeren Genera-

Enge Bindung: Ricarda Huch und ihre Tochter Marietta, 1921

tion allein kannten, die Ausgeglichene, allzeit Gütige, aus der Liebe und Dichtung in gleicher Fülle quellen«[25], frohlockt Marie. Sie wird es genossen haben, die Freundin nicht mehr mit schwierigen Männern teilen zu müssen, sondern unbeschwert Ferien und Weihnachten zu verbringen.

Ihre Tätigkeit als Fabrikinspektorin hatte Marie mit einer hohen Kindersterblichkeit konfrontiert, weshalb sie sich in der Mütter- und Säuglingsfürsorge engagiert. Anfang des Jahrhunderts stirbt jedes sechste eheliche und jedes dritte nichteheliche Kind vor dem ersten Geburtstag. In Düsseldorf findet Marie 1907 als Geschäftsführerin des Vereins für Säuglingsfürsorge und Wohlfahrtspflege eine für sie stimmige Aufgabe. Der halbstaatliche Verein unterhält Kinderheime, Kliniken, Adoptionsstellen und Mütterberatungen. Marie kooperiert eng mit dem Bund deutscher Frauenvereine, übernimmt Vorstandsposten in der Kinder- und Jugendfürsorge und trägt maßgeblich zur Professionalisierung der sozialen Arbeit bei. Ihr Einsatz fußt sowohl in einem bürgerlichen Familienbild als auch in ihrer Religiosität. In beidem findet sie in Ricarda Bestätigung, die sich vermehrt mit Glaubensfragen beschäftigt. 1915 erscheint ihr Buch *Luthers Glaube, Briefe an einen Freund*, das aus Diskussionen der Freundinnen hervorgegangen ist. Zuvor hatte Ricarda die Glaubensauseinandersetzungen während des Dreißigjährigen Krieges erforscht. Das Werk erscheint in drei Bänden zunächst unter dem Titel *Der große Krieg in Deutschland*.

Der Ausbruch des Ersten Weltkriegs weckt vor allem bei Ricarda Nationalgefühle. An Marie schreibt sie: *»Ja, in den Krieg ginge ich wahrhaftig gern. Wenn ich in den Krieg gehen und da in der Schlacht fallen könnte, so würde ich mein Leben schön und passend vollendet finden.«*[26] 1916 zieht sie nach Bern. Um Geld zu verdienen, verarbeitet sie ihre Ehe mit Manno in dem Kriminalroman *Der Fall Deruga*, der mehrfach verfilmt wird. In Briefen beneidet sie Marie um ihren Kriegseinsatz: Diese arbeitet in Brüssel in der Kriegswohlfahrtspflege und organisiert eine Kinderverschickung nach Holland, von der rund 60.000 Kinder profitieren. Nach Kriegsende geißeln die Freundinnen den *»Schmachfrieden von Versailles«*. Politisch unerfahren hofft Ricarda auf einen »Reichsverweser« und träumt davon, als Abgeordnete der Deutschen Demokratischen Partei (DDP) in die Nationalversammlung einzuziehen. Tatsächlich ist es Marie, die sich als eine der ersten weiblichen Abgeordneten sowohl in der Weimarer Nationalversammlung als auch im Reichstag für Frauenfragen engagiert. In *Leuchtende Spur* schätzt sie Ricarda realistisch ein: »*Sie war eben eine Fremde in der Welt, wie sie nun einmal ist, und wäre den Schwierigkeiten der Organisation, welcher Art sie sei, nie gewachsen gewesen.*«[27]

Während der Weimarer Republik entwickelt sich das Leben der Freundinnen zunehmend auseinander. Als anerkannte Expertin für Wohlfahrtspflege arbeitet Marie bis 1926 im badischen Staatsdienst und gründet in Berlin die Deutsche Akademie für soziale und pädagogische Frauenarbeit mit. Ihr Lieblingsprojekt ist die Gründung des vielgelobten Kinder- und Jugenderholungsheims Heuberg, wo bis 1933 über 100.000 bedürftige Kinder ihre Ferien verbringen. Als sich die Situation im Ministerium unerfreulich entwickelt, zieht Marie erneut die Konsequenzen, kündigt und übernimmt einen Lehrauftrag für soziale Fragen an der Universität Heidelberg. Ihre Erfahrungen münden in vielbeachtete Studien wie das Standardwerk *Familienfürsorge*, in dem sie die Familie als »*unantastbaren Aufwachsraum*« bewahrt wissen will. Ricarda verfasst Romanbiografien wie über den russischen Anarchisten Michail Bakunin und das Leben des preußischen Reformers Heinrich Friedrich Karl Freiherr vom Stein und pendelt zwischen München und Padua, wo Manno bis zu seinem Tod 1927 wohnt.

»*1933 begannen die schweren Jahre, die das Gemüt mehr und mehr belasten sollten*«[28], schreibt Marie. Da ihre Großmutter aus der jüdischen Familie Mendelssohn Bartholdy stammt, verliert Marie alle Ämter und wird aus der Universität entlassen. Als engste Mitarbeiterin des Heidelberger Pfarrers Hermann Maas hilft sie rassisch und politisch Verfolgten zu emigrieren. Eindrücklich beschreibt sie die Bedrohung durch die Gestapo und ihren Weg zu innerer Stärke und Gelassenheit: »*Es ist ein unbeschreibliches Erlebnis, der nackten Gewalt begegnet zu sein, in der uns Satan, das radikal Böse greifbar gegenübertritt. Man hat auf den Grund der Hölle geschaut und zugleich, das ist das Mysterium, auch in Gottes Licht.*«[29]

In der NS-Diktatur gewinnt die Freundschaft zwischen Marie und Ricarda eine tiefere Dimension. Ricarda lebt mit Tochter und Enkel für zwei Jahre in Maries Wohnung, da ihr Schwiegersohn, der Jurist und Ökonom Franz Böhm, in Freiburg habilitiert. In Heidelberg lernt sie Maries intellektuellen Freundeskreis kennen, zu dem Max Weber und seine Frau Marianne, eine engagierte Frauenrechtlerin, ebenso gehören wie der Rechtsphilosoph und Justizminister Gustav Radbruch und der Psychiater und Philosoph Karl Jaspers. Die Freundinnen erleben den Boykott jüdischer Geschäfte und die systematische Ausgrenzung jüdischer Freunde mit. 1933 tritt Ricarda aus Protest aus der Preußischen Akademie der Künste aus, der sie seit 1926 als einzige Frau angehört. Sie schreibt dem Akademie-Präsidenten: »*Was die jetzige Regierung als nationale Gesinnung vorschreibt, ist nicht mein Deutschtum. Die Zentralisierung, den Zwang, die brutalen Methoden, die Diffamierung Andersdenkender, das prahlerische Selbstlob halte ich für undeutsch und unheilvoll.*«[30]

Politisches Engagement zeigt Ricarda Huch in ihrem 1946 begonnenen Buch über den Widerstand

Gemeinsam mit der Familie ihrer Tochter zieht Ricarda 1936 nach Jena in ein Häuschen mit Garten, wo sich Regimegegner treffen. Nachdem ihr Schwiegersohn seine Stelle aufgrund von Denunziation verliert, muss die über 70-Jährige die Familie finanziell versorgen. Dies mag auch erklären, warum sich ihr Alterswerk *Deutsche Geschichte* nur vorsichtig als Kritik am Dritten Reich lesen lässt. Zu ihrem achtzigsten Geburtstag am 18. Juli 1944 gratuliert Adolf Hitler. Gemeinsam mit »Bäumchen« verfasst sie ein Dankestelegramm, ohne die Grußformel: »Heil Hitler« zu verwenden. Da erfahren die Freundinnen vom gescheiterten Attentat vom 20. Juli, in dessen Folge Freunde – wie der Sozialdemokrat Ernst von Harnack oder der ehemalige Leipziger Oberbürgermeister Carl Goerdeler – hingerichtet werden. Auch Ricardas Schwiegersohn ist gefährdet.

Fast scheint es, als habe Ricarda erst am Ende ihres Lebens den Mut gefunden, aktiv für ihre Werte einzutreten. Obgleich gesundheit-

lich angeschlagen, beschließt sie 1946, ein
Buch über den Widerstand zu schreiben.
Dabei berücksichtigt sie die studentische
Widerstandsgruppe Weiße Rose ebenso
wie die Rote Kapelle, ein Netzwerk um das
Ehepaar Arvid und Mildred Harnack, und
schreibt über die Männer und Frauen, die
an dem Attentatsversuch vom 20. Juli beteiligt waren. Zu einer Zeit, als die Mehrheit
der Deutschen den Widerstand als Landes-
verrat ablehnt, hört Ricarda den Angehörigen zu. *»Betrachten wir uns nicht als Opfer,*

*sondern als solche, die mit der Hölle im Bunde waren und wunderbar ge-
rettet sind«*[31], schreibt sie weitsichtig. Das Werk bleibt ein Fragment, da
Ricarda kurz nach ihrer Flucht aus der sowjetischen Zone nach Frankfurt 1947 stirbt. Zuvor wird sie vielfach geehrt: Die Universität Jena
verleiht ihr die Ehrendoktorwürde; sie eröffnet den Ersten Deutschen
Schriftstellerkongress in Berlin im Oktober 1947 als Ehrenpräsidentin.

Marie setzt sich für die junge Demokratie ein und möchte mitwir-
ken, die nationalsozialistisch geprägte Jugend zu freien und weltoffenen
Menschen zu erziehen. Ab 1946 lehrt die über 70-Jährige Sozialpolitik
an der Heidelberger Universität. *»Nie vorher und auch nicht nachher
habe ich mit solcher inneren Befriedigung Kolleg gelesen«*[32], schreibt
sie. Zudem sorgt sie für die Wiedereröffnung des Wieblinger Landerzie-
hungsheims für Mädchen, das von ihrer Freundin – der hingerichteten
Widerstandskämpferin Elisabeth von Thadden – im Sinne einer christ-
lich orientierten Reformpädagogik geleitet wurde. Für ihr Engagement
erhält sie die Ehrenbürgerwürde der Universität Heidelberg und das
Bundesverdienstkreuz. Sie stirbt 1964 in ihrer Wahlheimat. Bis zuletzt
erinnert sie an Ricarda. Ihr Lebensrückblick schließt mit den Worten:
*»Der Faden ist abgerissen. Doch gab ihr still gewordenes, ernstes, ho-
heitsvolles Antlitz mir die Gewähr, dass sie uns zwar entrückt, aber in anderen Sphären geborgen ist.«*[33]

Ricarda Huch und Marie Baum (rechts mit Hut) in Heidelberg, 1934

1881–1952

Die Gründerin
des Müttergenesungs-
werks und Bundes-
präsidentengattin aus
Straßburg

Elly Heuss-Knapp

*»Ich hatte in jungen Jahren den
dringenden Wunsch, einen Platz in der
Welt zu finden.«*

Das Straßburger Münster verkörperte für Elly Heuss-Knapp einen Ort
der Geborgenheit, Kraft und Eleganz. *»Man kannte das Münster wie
man den Mond und die Sonne kennt«*, schreibt sie in ihren Erinnerungen *Ausblick vom Münsterturm*[34] und erzählt, wie sie – selbst protestantisch – morgens eine Messe besucht. 1881 kommt sie als zweite Tochter
des Professors für Nationalökonomie Georg Friedrich Knapp und der
vielsprachigen Lydia von Karganow zur Welt. Seit dem Krieg von 1870/71

gehören das Elsass und Teile des französischsprachigen Lothringens zum Deutschen Reich. Der gebildete Vater unterrichtet an der neu gegründeten Universität Straßburg. Die Mutter, eine georgische Adlige, fühlt sich in Straßburg fremd und verbringt die meiste Zeit wegen einer psychischen Erkrankung in Kliniken. Die Eltern hatten sich an der Universität Leipzig kennengelernt, wo die musisch Begabte als eine der ersten russischen Gaststudentinnen volkswirtschaftliche Vorlesungen hörte. Bei ihren Töchtern hinterlässt die Mutter eine Leerstelle, die die Schwester des Vaters und eine Haushälterin zu füllen suchen.

Gemeinsam mit ihrer Schwester Marianne besucht Elly Knapp eine von Töchtern von altdeutschen Beamten und Offizieren frequentierte Privatschule. Nachmittags trifft sich der Vater mit seinen Töchtern in dem herrschaftlichen, im Biedermeierstil eingerichteten Appartement im Universitätsviertel, wo er mit Marianne Mathematik und Physik übt und die Entfernung vom Himmelskörper Sirius zur Erde berechnet. Mit Elly Knapp liest er Hölderlin, Schiller und Goethe. »*Wenn ich auf eine Waagschale lege, was wir vom Vater und Großvater lernten und was in der Schule, so sinkt die erste Waagschale tief herab*«[35], beurteilt Elly die väterliche Erziehung. Der Großvater, Friedrich Ludwig Knapp, spielt ebenfalls eine große Rolle. Bei dem Chemiker und Schwager Justus von Liebigs verbringt Elly Knapp ihre ersten Jahre und später die Ferien. Mit seiner Lust am Fabulieren gewinnt er ihr Herz; mit Ausflügen in die Miltenberger Umgebung prägt er ihre Begeisterung für Kunst und Natur. Im Kreis von Cousinen und Cousins entwickelt sie ihren ausgeprägten Familiensinn.

Früh werden die Schwestern in die liberale Gedankenwelt des Vaters einbezogen, der als Autor der Studie zur *Staatlichen Theorie des Geldes* großes Renommee nicht nur in der Finanzwelt besitzt. Zu Hause begegnen sie führenden Sozialpolitikern wie Lujo Brentano oder Gustav Schmoller und erfahren aus Diskussionen von den Nöten der unteren Bevölkerungsschichten. Als Grenzregion nimmt Elsass-Lothringen eine Sonderstellung ein, wo sozial fortschrittliche Ideen umgesetzt werden können. Elly Knapp nimmt früh Spannungen, die zwischen den elsässischen Familien und Familien altdeutscher Militärs und Beamter herrschen, wahr. Beide Gruppen verkehren kaum miteinander. Die nach

Frankreich orientierten katholischen Notablen halten die protestantischen preußischen Beamten für unkultiviert und arrogant. Es dauert eine Generation, bis das Unverständnis einer gemeinsamen Heimatverbundenheit weicht. Sie selbst bewegt sich in beiden Welten. Als »Büwe-Mamselle« kümmert sie sich um eine Horde elsässischer Jungen. Später befreundet sie sich mit der elsässischen Dichterin Elsa Koeberlé, dem Gemeindeverwalter Walter Leoni sowie Pierre Bucher, der für eine Rückkehr des Elsass nach Frankreich kämpft. Die jungen Leute gründen einen Radclub, diskutieren über Musik, Literatur und Kunst sowie über soziale Fragen und unternehmen Ausflüge in die Vogesen – fast so, als wollten sie die Jugendbewegung vorwegnehmen. Entscheidend wird der Kreis von dem elsässischen Theologen und Orgelspieler Albert Schweitzer geprägt, der sich mit dem Urchristentum auseinandersetzt und mit dreißig Jahren beschließt, Medizin zu studieren, um Tropenarzt zu werden. In ihrem Gratulationsbrief zum 75. Geburtstag wird Elly Heuss-Knapp ihn als modernen »Heiligen«[36] bezeichnen. Mit 18 Jahren macht sie – trotz einer Vier in Mathematik – das Lehrerinnenexamen. *»Nun hatte ich also in so jungen Jahren eine Berufsausbildung und den dringenden Wunsch, einen Platz in der Welt zu finden, wo man meine Arbeit brauchte, um die Schäden dieser Welt endlich in Ordnung zu bringen!«*[37], heißt es mit der Emphase der Jugend. Nach dem Examen 1899 gründet sie eine Privat-, später eine Fortbildungsschule und führt ihre Schülerinnen in Bürgerrechte und -pflichten ein, woraus das vielfach aufgelegte Lehrbuch *Bürgerkunde und Volkswirtschaftslehre für Frauen* entsteht.

Beeinflusst wird sie von dem Sozialreformer Friedrich Naumann. *»Bei Naumann lernte man ein neues Fragen, lernte auch, dass dem eigenen Volk zu dienen, Gottesdienst ist.«*[38] Der hochgebildete Theologe verkörpert mit seinem Bestreben, Christentum, Kapitalismus und Nationalismus zu verbinden, einen neuen Politikertypus. Weil sie Lücken in Volkswirtschaftslehre spürt, schreibt sie sich 1905 an der Freiburger Universität als Gasthörerin ein. Im Wintersemester wechselt sie nach Berlin und lernt bei Naumann den schwäbischen Redakteur der Zeitschrift *Die Hilfe*, Theodor Heuss, kennen, der ihr wegen seines linkischen Auftretens zunächst wenig imponiert. Später – als Ehepaar – werden sie das Kennenlernen anders deuten. »*Wir haben es immer beide als sinnvolle Fügung des Schicksals empfunden, dass wir uns im Hause von Naumann begegnet sind*«[39], schreibt Heuss.

Schon während des Studiums arbeitet Elly Knapp für die gewerkschaftliche organisierte Deutsche Heimarbeit-Ausstellung und engagiert sich für die Armenfürsorge

Elly Knapp arbeitet neben dem Studium bei der von den Gewerkschaften organisierten Deutschen Heimarbeit-Ausstellung 1906 in Berlin mit, die schlechte Löhne, lange Arbeitszeiten und Kinderarbeit in proletarischen Familien anprangert. Zurück in Straßburg, engagiert sie sich in der Armenfürsorge, publiziert über die Straßburger Sozialpolitik und hält Vorträge vor Wohlfahrtsverbänden und Kirchengemeinden. Außerdem repräsentiert sie an der Seite ihres Vaters, der als Rektor der Straßburger Universität Festbankette und Empfänge gibt. »*Ich bin unterdessen zur Wanderrednerin avanciert [...] Ich bin vorengagiert bis zum November und werde steinreich bei der Sache*«[40], lässt sie den drei Jahre jüngeren Heuss wissen. Bald wechseln sie täglich Briefe. Das förmliche »Sie« wird zum vertrauten »Du«. Während Theodor mit »Dorle« unterschreibt, bleibt Elly zunächst auch wegen des Altersunterschieds abwartend. Die Briefe werden intimer und zeigen auf berührende Weise das Zusammenwachsen zweier Liebender. 1908 wird das Paar in Straßburg von Schweitzer getraut, der predigt: »*Das hohe Glück in diesem Augenblick ist nicht, dass zwei Menschen sich innerlich geloben: wir wollen miteinander leben, sondern dass dies in ihren Gedanken zugleich bedeutet: wir wollen miteinander für etwas leben.*«[41]

Zuvor hatten beide halb spaßhaft einen Ehevertrag aufgesetzt: Theodor darf nur draußen rauchen, Elly muss ihre Kleider selbst kaufen. Als Ehefrau mit Doppelnamen führt sie in einer Berliner Mietwohnung das Leben der »neuen Frau«, mit Dienstmädchen, Werkbund-Möbeln und eigenem Beruf als Dozentin und Journalistin. Das intellektuelle Paar lebt eine Beziehung im regen Austausch und ständigen Gespräch.

Als 1910 der Sohn Ernst Ludwig geboren wird, stirbt die Mutter fast bei der Geburt – nimmt aber bald darauf ihre Tätigkeiten wieder auf. In dieser Zeit bereitet Elly Heuss-Knapp die große, in Berlin gezeigte Ausstellung *Die Frau in Haus und Beruf* mit vor, die die weibliche Berufswelt präsentiert und Frauen Mut macht, auch »ungewöhnliche« Berufe zu ergreifen. Mit ihrem Sohn habe die »*hohe Schule der Selbstlosigkeit*«[42] begonnen, berichtet sie glücklich. Als Heuss 1912 auf Vermittlung von Naumann Chefredakteur der *Neckar-Zeitung* wird, zieht die Familie nach Heilbronn. Elly stimmt dem Umzug in die Heuss'sche Heimat nur schweren Herzens zu. Durch die Geburt geschwächt, kurt sie häufig in Badenweiler – mit Blick auf die Vogesen. Bei ihren Straßburger Besuchen erlebt sie die zunehmend nationaler werdende Stimmung.

Ihre Zerrissenheit in der »*nationalen Sache*« bestimmt die Kriegsjahre, die von Sorge um deutsche wie elsässische Freunde und den Vater in Straßburg geprägt wird. »*Wir mussten lernen, dass das Sterben Schicksal und Aufgabe der Jugend wurde*«[43], schreibt Theodor Heuss in seinen Memoiren über die häufigen Todesnachrichten von Freunden. Während Theodor als Chefredakteur das Kriegsgeschehen kommentiert, gründet Elly Heuss-Knapp im August 1914 die erste private deutsche Arbeitsvermittlung für Frauen in Heimarbeit und setzt sich für die Löhne der Beschäftigten ein. Als »*gewiefte Geschäftsfrau*«[44] beschäftigt sie schon in den ersten Wochen rund 450 Frauen, verkauft über 700 Paar Socken für das Deutsche Heer und findet zu ihrer leidenschaftlich gelebten Aktivität zurück.

»*Der Zusammenbruch hatte den Charakter eines Erdbebens*«[45], resümiert sie das Kriegsende, das die Familie Heuss in Berlin erlebt. Es schmerzt der Verlust der Heimat. Ihr Vater wird mit 77 Jahren von den Franzosen aus dem Elsass vertrieben. In der Nacht träumt sie von den klugen Jungfrauen, die vom Portal des Münsters hinabsteigen und Straßburg verlassen. Mit der Abdankung des deutschen Kaisers zerbricht der Obrigkeitsstaat. Die junge Republik ist durch die Revolution gefährdet. Elly und Theodor Heuss werden als Spitzenkandidaten der Deutschen Demokratischen Partei sowohl für die Nationalversammlung 1919 als auch für den Reichstag 1920 aufgestellt und verlieren beide Wahlen knapp. Beschützt von Wachmännern, profiliert sich Elly Heuss-

Knapp als politische Rednerin und arbeitet unermüdlich an Wahlkampf-
auftritten. Der Ausschuss aller Frauenverbände betraut sie mit dem
Ressort »Propaganda«, um Frauen an die Urnen zu locken, die erstmals
wählen dürfen. Für Litfaßsäulen dichtet sie: »*Frauen, werbt und wählt.
Jede Stimme zählt! Jede Stimme wiegt, Frauenwille siegt!*«[46] Obgleich
Elly Heuss-Knapp eine der wenigen Politikerinnen der frühen Weimarer
Republik ist, wendet sie sich nach ihrer Niederlage ihren alten Tätigkeiten zu. Im Gegensatz zu ihrem Mann bedeutet ihr das Politikerdasein
wenig. »*Viele Menschen wundern sich sehr über mich, weil ich aus aller
Parteipolitik und allem Vereinswesen mich herausgezogen habe, gar
keine Bude mehr auf dem Jahrmarkt der Eitelkeiten aufschlage, obwohl
meine Bude immer recht viel Zulauf hatte! Aber ich bin glücklich in der
Konzentration und mache nur Arbeit, die ich für lebendige Arbeit halte*«[47],
heißt es in einem Brief.

Nachdem sie im Krieg ihren Glauben verloren hatte, findet sie in
den Nachkriegsjahren zu ihm zurück. Sie engagiert sich in der Pfarr-
gemeinde des späteren Berliner Bischofs Otto Dibelius und konzentriert sich auf ihre Arbeit in religiösen und sozialen Einrichtungen der
evangelischen Kirche: als Lehrerin am Pestalozzi-Fröbel-Haus und am
Katechetischen Seminar, als Vertreterin der Kirche im Rundfunkrat, als
Pädagogin in der Nachbarschaftshilfe und in der Jugendarbeit. Für viele
Schülerinnen wird sie zur vertrauten Freundin. Außerdem tritt sie als
Rednerin auf und spricht im Radio. Beruflich stark beansprucht, plant
sie ausreichend Zeit für ihren Sohn ein, dessen Erziehung ihr am Herzen
liegt.

Die »Machtergreifung« 1933 bedeutet für die Familie eine existen-
zielle Gefahr: Heuss wird mit Berufs-, später mit Publikationsverbot belegt. Er verliert sein Reichstagsmandat, die Stelle als Vorstandsmitglied
des Deutschen Werkbunds und die Dozentenstelle an der Hochschule
für Politik, da er 1932 in seiner Studie *Hitlers Weg* den Nationalsozialismus kritisiert hatte. Elly Heuss-Knapp kann ihre Sozialhilfe nicht fortsetzen. Ähnlich wie im Ersten Weltkrieg entfesselt die Krise jedoch ungeahnte Kräfte. »*Es setzte jetzt Ellys große Zeit an*«[48], schreibt Theodor
Heuss in seinen Memoiren, der die nächsten zwölf Jahre mit biografischen Arbeiten in der inneren Emigration verbringt.

Rettung kommt aus der Schweiz: Ihr Basler Cousin Hermann Gei-
ger bietet ihr an, Werbung für seine Pharmafirma Wybert zu machen.
In Kürze avanciert sie von Berlin aus zur erfolgreichen Werbefachfrau,
die das akustische Warenzeichen erfindet. Geistreich und gekonnt
wirbt sie mit Jingle-Ton, Trickfilm und Scherenschnitt für Persil, Knorr-
Würze, Hansaplast und Kaffee Hag. *»Ich habe nur noch Nivea im Kopf*

Elly Knapp und Theodor Heuss, 1905/1906

und Sonnenbriketts und Knäckebrot. Morgens wache ich auf mit lauter Bruchstücken von Nivea-Gedichten, sie tanzen um mein Bett«[49], dichtet sie selbstironisch über ihre Besessenheit. 1934 hatte sie mit 53 Jahren ihre höchst erfolgreichen Memoiren *Ausblick vom Münsterturm* verfasst, die ihre Verbundenheit mit dem Elsass dokumentieren.

Sie verdient so viel Geld, dass sie dem Sohn das Studium, dem Mann das Bücherschreiben und der Familie ein Haus mit Garten finanziert. Zwischen Blumenbeeten und Unkraut trifft sie Freunde und Bekannte zum vertrauten Gespräch, um zu helfen, wo möglich. Im Krieg steht die Familie unter ständiger Beobachtung: Einerseits wegen ihrer verwandtschaftlichen Beziehungen zu den im Widerstand aktiven Familien Harnack, Bonhoeffer und Delbrück, andererseits aufgrund der Kontakte zur Bekennenden Kirche. In ihrem Buch *Schmale Wege* lässt Elly Heuss-Knapp kurz nach Kriegsende die Angst, sich zu äußern und entdeckt zu werden, lebendig werden. Der Sohn Ernst Ludwig unterhält enge Kontakte zum Goerdeler-Kreis. Der ehemalige Leipziger Bürgermeister Carl Goerdeler gehört zu den führenden Köpfen der Widerstandsbewegung des 20. Juli 1944 und sollte nach einem gelungenen Attentat auf Adolf Hitler Reichskanzler werden.

1943 gelingt es dem Sohn, die Evakuierung der Eltern nach Heidelberg zu organisieren, da der Vater in das Fadenkreuz der Gestapo zu kommen scheint. Das Kriegsende erlebt das Paar bei der Schwester Marianne in einer Heidelberger Dachgeschosswohnung. Langsam wird das Ausmaß der Katastrophe mit Millionen Toten, zerstörten Städten und der weitverbreiteten Kultur des Wegschauens bewusst. *»Schade, dass ich nicht zehn Jahre jünger bin«*[50], resümiert Elly Heuss-Knapp im November 1945 – ohne Rücksicht auf ihre Herzattacken wirkt sie am Aufbau der Demokratie mit. Sie konzipiert Schulbücher, engagiert sich im Schulfunk, hält Vorträge und setzt sich im Stuttgarter Landtag als FDP-Abgeordnete für eine werteorientierte Bildungs- und Sozialpolitik ein. Außerdem wird sie Präsidentin der Hoover-Speisungen, mit der notleidende Familien und Kinder versorgt werden.

Theodor habe *»leider kein Talent zum Faulsein«*, schreibt sie in einem ihrer Briefe, die den Geist des Neuanfangs atmen. Kurz nach Kriegsende erhält Heuss von den amerikanischen Besatzungsbehörden

die Lizenz zur Herausgabe der *Rhein-Neckar-Zeitung*; wenige Monate später wird er zum Kultusminister der Landesregierung von Württemberg-Baden berufen. Deutschland braucht einen unbescholtenen Mann wie Heuss, der dem Volk einerseits die Leviten lesen, andererseits der Republik ein positives Image verleihen kann. Heuss wird erster FDP-Bundesvorsitzender und Mitglied des Parlamentarischen Rats, der das Grundgesetz formuliert. Bald handelt ihn die Bundesversammlung als Kandidat für das Amt des Bundespräsidenten. Am 12. September 1949 wird er zum ersten Präsidenten gewählt. Statt der Nationalhymne singt die Menge auf dem Bonner Rathausplatz *»Großer Gott, wir loben dich«.*

Theodor Heuss und Gattin Elly Heuss-Knapp in ihrem Garten
in Stuttgart-Degerloch

Als Bundespräsidentengattin ändert sich ihr Leben erneut. In ihrer mütterlichen Art gestaltet sie das Amt der First Lady in ihrem Stil und sorgt beispielsweise dafür, dass die Villa Hammerschmidt mit repräsentativen Schlossmöbeln ausgestattet wird. »*Dir haben die Musen verliehen, dass Du in der Hütte und in dem Palast in gleicher Weise am Platz bist*«, schreibt Schweitzer. Elly Heuss-Knapp unterstützt ihren Mann, wo sie kann, ist aber zusehends von ihrer schweren Herzkrankheit und den zahlreichen an sie gerichteten Bittbriefen belastet. Sie konzentriert sich deshalb auf die Gründung des Müttergenesungswerks. Gemeinsam mit Antonie Nopitsch, der Gründerin des Bayerischen Mütterdienstes, versteht sie es, die politischen wie konfessionellen Wohlfahrtseinrichtungen auf ein überkonfessionelles Müttergenesungswerk zu einigen. Im Januar 1950 gibt sie die Gründung der Elly Heuss-Knapp-Stiftung Deutsches Müttergenesungswerk bekannt. Bei der ersten Straßensammlung kommen zweieinhalb Millionen D-Mark zusammen, davon können 26.000 Mütter in Ferien fahren. Für die Schwerkranke ist dieser Erfolg »*wirklich die Krönung meines Lebens*«[51]. Am 19. Juli 1952 stirbt sie in Bonn, worauf die Flaggen an öffentlichen Gebäuden auf Halbmast gesetzt werden. Als Zeichen der Liebe zu seiner Frau lässt Heuss Antonie Nopitsch wissen: »*Sie haben meine Frau verloren, aber wenn Sie wollen, so werde ich an ihre Stelle treten und Ihnen helfen.*«[52]

1889–1957

Die deutsche
Psychoanalytikerin

Frieda Fromm-Reichmann

*»Echte Einsamkeit endet in der
Entwicklung psychotischer Zustände.«*

Das Buch faszinierte Millionen. Allein in Deutschland verkaufte sich der 1973 übersetzte autobiografische Roman *Ich hab dir nie einen Rosengarten versprochen* über eine halbe Million Mal – und ließ die stigmatisierte Krankheit Schizophrenie nachvollziehbar werden. Der Longseller erzählt die Geschichte der 16-jährigen jüdischen Deborah, die nach einem Suizidversuch von ihren Eltern in ein Privatsanatorium gebracht wird und dort auf die kongeniale deutsche Psychoanalytikerin Dr. Fried trifft – hinter der sich niemand anderes als die deutsche Psychoanalytikerin Frieda Fromm-Reichmann verbirgt, die in dem amerikanischen Privat-

sanatorium Chestnut Lodge Patienten behandelt. In zahlreichen Thera-
piestunden erarbeiten beide, warum Deborah in eine Scheinwelt flüch-
tete, statt der Eifersucht auf die Schwester, antisemitischen Hänseleien
und einem schmerzhaften Blasentumor standzuhalten. Der Leser verfolgt die wie ein Thriller geschilderte Heilung der Pubertierenden, wird
konfrontiert mit albtraumhaften Ängsten und Selbstverletzungen und
erlebt das Zersplittern von Deborahs Realitäten sowie die Flucht in ihre
innere Welt. Aus der dämonischen Scheinwelt, der sogenannten »Yr«,
holt Dr. Fried die Jugendliche immer wieder durch intensive Gespräche
heraus, die auf Empathie und großer Geduld beruhen. »Lassen Sie uns,
Deborah und mich, die Ursachen finden. Quälen Sie sich nicht, machen
Sie sich selbst oder irgendjemand keine Vorwürfe. Sie wird Ihre Unterstützung brauchen, nicht Ihre Anklage«[53], beruhigt im Roman Dr. Fried die
Eltern.

Mit dem 1964 in den USA erschienenen Roman setzt die Schriftstellerin Joanne Greenberg ihrer sieben Jahre zuvor verstorbenen Psychiaterin Frieda Fromm-Reichmann ein beeindruckendes Denkmal.
Gleichzeitig bewirkt der Roman, dass die reale Analytikerin hinter der
idealisierten Romanfigur verschwindet. Heute kennen nur Fachkreise
die Pionierin der analytisch orientierten Psychosentherapie, während
ihre Behandlungsmethode dank des Romans weltweit bekannt ist. Ihr
Anspruch, Schizophrenie mit Psychotherapie zu heilen, stand damals
im deutlichen Widerspruch zur etablierten Psychiatrie. Die Mehrzahl
der Ärzte betrachtete Psychosen als unheilbare, genetisch bedingte
Hirnkrankheiten, die mit Elektroschocks, Insulintherapie und neuro-
chirurgischen Eingriffen behandelt wurden. Die vollständige Heilung
einer Psychose durch Psychotherapie galt als ungewöhnlich und selten.
Aufgrund des enormen psychischen Aufwands für den Therapeuten
konnte die »intensive Psychosentherapie« allerdings nur bei wenigen
Patienten angewandt werden. Der Erfolg war – wie bei Joanne Greenberg – bisweilen erstaunlich, jedoch selten. Für die Mehrheit schizo-
phrener Patienten bedeutete erst das Aufkommen von Neuroleptika in
den Fünfzigerjahren den Durchbruch.

Der Roman Ich hab dir nie einen Rosengarten versprochen und seine Verfilmung 1977 durch den Regisseur Anthony Page machten jedoch

Erkrankten und Angehörigen Mut. In den Siebzigerjahren avanciert der Roman zu einem der Kultbücher der Anti-Psychiatrie-Bewegung. »Frieda Fromm-Reichmann war ihrer Zeit um ein Vierteljahrhundert voraus. Die Methoden, mit denen sie und die Belegschaft von Chestnut Lodge sich der Behandlung von Schizophrenie annahmen, sind auch heute noch üblich«[54], erinnert sich die befreundete New Yorker Psychoanalytikerin Alberta Szalita.

Als älteste von drei Töchtern wird Frieda Reichmann 1889 in Karlsruhe geboren. Wenige Jahre später zieht die jüdisch-orthodoxe Familie nach Königsberg, wo der Vater als Bankier arbeitet. Abends liest die Familie gemeinsam die Thora und deutsche Klassiker. Die Schwestern musizieren und rezitieren Gedichte. Da es in Königsberg kein Mädchengymnasium gibt, bereitet die Mutter, eine Lehrerin, ihre Lieblingstochter auf das Abitur vor. Der Vater unterstützt ihren Wunsch, Medizin zu studieren, während die Mutter sie lieber als Sprachlehrerin sieht. Die Eltern führen eine spannungsreiche Ehe, in der Frieda von klein auf vermitteln muss. In ihren Erinnerungen schildert sie, wie sie darauf trainiert ist, auf Stimmungen anderer zu achten. *Ich bin die geborene Psychiaterin, schon im Alter von drei Jahren kannte ich alle Geheimnisse in meiner Familie, eifrig bedacht, meine Eltern nicht zu enttäuschen.*[55] 1908 schreibt sie sich als eine der ersten Studentinnen an der medizinischen Fakultät der Universität Königsberg ein. Zunächst fasziniert sie die Gynäkologie, bald aber wendet sie sich der Psychiatrie zu, wo sie ein besonderes Gespür für psychisch Kranke entwickelt. Ihr erstes Treffen mit einem manisch-depressiven Patienten beschreibt sie Jahre später: *Später ging ich wieder zu ihm, um nach ihm zu sehen, zur allgemeinen Überraschung. Denn wer würde sich um einen Verrückten sorgen?*[56] Der in Königsberg lehrende Nervenarzt Kurt Goldstein schult ihre Beobachtungsgabe und animiert sie, stets den Menschen und nicht den Kranken im Blick zu haben. 1914 erhält Frieda Reichmann ihre Approbation und reicht ihre Dissertation über die »Pupillenbewegung bei Schizophrenen« ein. Als Goldsteins Assistentin behandelt sie während des Ersten Weltkriegs in der Königsberger Nervenklinik und im Lazarett gehirnverletzte Soldaten und wird mit deren bizarrem Verhalten und Ängsten konfrontiert. *Ich erinnere mich nur zu gut, dass ich seelisch erkrankte Patienten psychotherapeutisch behandelte, bevor ich überhaupt von Freuds Lehren wusste. Mit großer Sorge beobachtete ich, dass sich in der Beziehung zu meinen Patienten etwas veränderte, das den psychotherapeutischen Prozess störte.«*[57] Gleichzeitig leitet sie inoffiziell für Goldstein die Klinik, da sie als jüdische Frau nicht von der preußischen Armee angestellt werden kann. Der Nervenarzt avanciert während des Krieges zum vielgefragten Experten für Hirnschädigungen, der verschiedene Therapiemethoden miteinander verbindet und Frieda Reichmanns Interesse für Psychoanalyse fördert. Für Freuds neue Therapie interessieren sich viele Frauen, die als Analytikerinnen arbeiten, beispielsweise Lou Andreas-Salomé, Marie Bonaparte, Helene Deutsch oder Karen Horney. Frieda Reichmann lernt den Wiener Arzt erstaunlicherweise nie kennen, wird ihn aber zeitlebens verehren und ihre Patienten ganz überwiegend ausschließlich psychotherapeutisch behandeln. Harte Maßnahmen lehnt sie ab, aber sie vermeidet es, sich in den Ablauf der Krankenstation einzumischen.

Frieda Reichmann beschließt, als Psychoanalytikerin keine neurotischen Patienten aus Hochadel und Künstlerkreisen zu behandeln

Um sich in Psychotherapie weiterzubilden, wechselt sie 1920 an das Dresdner Sanatorium Weißer Hirsch, das von dem Erfinder des autogenen Trainings, dem Psychiater Johannes H. Schultz, geleitet wird: *»Der Einzige, der zu dieser Zeit wirklich Psychotherapie in Deutschland betrieb.«*[58] Die Klinik genießt Weltruf, weil sie neben Psychotherapie auf vegetarische Kost, Luftbäder und Massagen setzt. Frieda Reichmann lernt die Tänzerin Mary Wigman kennen, deren Ausdruckstanz sie so beeindruckt, dass sie später Tanztherapie in Chestnut Lodge einführt. Parallel lässt sie sich zur Psychoanalytikerin ausbilden und beschließt, dauerhaft keine neurotischen und psychotischen Patienten aus Hochadel und Künstlerkreisen behandeln zu wollen. Mit 35 Jahren eröffnet sie in Heidelberg ein privates Sanatorium für jüdisch-orthodoxe Patienten. Das Geld für den Villenkauf stammt vom Onkel, die Möbel von Patienten. Die Klinik bietet therapeutische Gemeinschaft, Psychoanalyse und koscheres Essen, weshalb der Name Thorapeuticum kursiert. *»Wir wollten zuerst die Menschen analysieren, um ihnen danach ihre Rolle und ihre Muster im Leben, die nicht gottgewollt sind, bewusst machen zu können, weil dies bedeutet, sich die eigene Vergangenheit vor Augen zu führen«*[59], beschreibt Frieda Reichmann ihr Konzept, das sie gemeinsam mit dem Soziologen Erich Fromm entwickelt.

Noch in Dresden lernen sich beide kennen. *»Ich begann ihn zu analysieren und da verliebten wir uns. Wir beendeten die Analyse. So viel Vernunft besaßen wir!«*[60], berichtet sie. Das Paar heiratet 1926. Ein Jahr später zieht der deutlich jüngere Fromm nach Berlin, um eine Lehranalyse zu beginnen. Wenig später erkrankt er an Tuberkulose, sodass seine Frau finanziell für ihn aufkommen muss. Das Ehepaar gründet das Frankfurter Psychoanalytische Institut und etabliert die Südwestdeutsche Arbeitsgemeinschaft, die zum Zentrum für analytische Theorie und Praxis wird. Frieda bewundert Erichs Gedankenschärfe. *»Ich habe in dieser Hinsicht viel von ihm gelernt, allerdings nicht durch Taten«*[61], beschreibt sie ihre kurze Ehe. Das gemeinsame Arbeiten funktioniert, das Leben nicht. Sie wünscht sich sehnlich Kinder, er nicht. 1931 trennt sich das Paar. Nach Erich wird es keinen Mann mehr in Friedas Leben geben. Was dem Paar während der kurzen Ehe glückt, ist die Emanzipation von orthodoxen jüdischen Ritualen. Gemeinsam brechen sie nicht nur die Speisevorschriften, sondern publizieren über den tieferliegenden Sinn der strengen Regeln.

Wie viele jüdische Ärzte und Psychoanalytiker muss die 44-Jährige 1933 über Straßburg und Palästina in die USA emigrieren. Dank der Fürsprache ihres Exmannes Erich Fromm findet sie Arbeit in der Privatklinik Chestnut Lodge nahe Washington. Amerika mit seinem Fortschrittsglauben und seinem Individualismus steht zu dieser Zeit den Ideen des Begründers der Psychoanalyse aufgeschlossener gegenüber als Europa, wo man den Theorien Sigmund Freuds mit Skepsis begegnet. Es gelingt europäischen Analytikern, sofern sie Mediziner sind, oft rasch, Praxen zu gründen oder Klinikpositionen zu besetzen. Für die Ärztin bietet das Sanatorium die Chance ihres Lebens. Denn der Eigentümer und Psychiater Dexter M. Bullard wagt das Experiment, Psychotiker ausschließlich mit Psychotherapie zu behandeln. Bald strömen aus ganz Amerika schwer kranke, wohlhabende Patienten nach Chestnut Lodge, wo sie im ehemaligen Grandhotel in einer familiären Gemeinschaft mit Ärzten, Pflegepersonal, Gärtnern und Hausmeister leben. Die Klinik wird dank der ungewöhnlichen Heilerfolge weltberühmt.

Wer das Glück besitzt, Frieda Fromm-Reichmann als Therapeutin zu haben, lernt eine ebenso zerbrechliche wie energiegeladene Person kennen, die sich um Regeln der klassischen Psychoanalyse wenig kümmert. »*Ob wir es nun aber Analyse nennen oder nicht, so ist doch klar, dass eine erfolgreiche Behandlung nicht von den technischen Regeln irgendeiner bestimmten Schule abhängt, sondern mehr von der Einstellung des einzelnen Therapeuten zu der psychotischen Person*«[62], heißt es in ihrer Schrift *Über Schizophrenie*. Die häufigen Sitzungen finden in ihrem Cottage – im Beisein eines Cockerspaniels – auf dem Klinikgelände statt. Sessel ersetzen die Couch. Charisma, gepaart mit Humor,

Porträt von Frieda Reichmann, 1926

begründet ihre Behandlungserfolge. Vor allem hört sie intensiv zu und versucht, in dem abwegigsten Detail einen Sinn zu erkennen. Die Psychoanalytikerin Anna Gourevitch erzählt:»Ohne Zweifel brachte sie mir bei, nichts außer Acht zu lassen, das mir sonst irrelevant schien. Sie achtete auf jedes Detail. Es war beeindruckend – ihr Respekt für jegliche Kommunikation der Patienten. Sie war nie wertend. Sie versuchte, zu verstehen.«[63]

So fürsorglich sich Frieda Fromm-Reichmann um andere kümmert, so wenig sorgt sie für sich selbst

Auch vor ihren feindseligen, bisweilen kotverschmierten, sich selbst verletzenden Patienten hat sie keine Angst. *»Wenn es richtig ist, dass die geistigen Erfahrungen des Psychotikers und die Form, in der er sie ausdrückt, nur graduell und nicht prinzipiell anders sind, so müssen seine Mitteilungen so sinnvoll und potentiell verständlich sein wie die des ›Gesunden‹.«*[64] Sie entschlüsselt Lebensgeschichten, überzeugt, dass Schizophrenie eine Antwort auf unerträgliche soziale Bedingungen ist – insbesondere eine gestörte Mutter-Kind-Beziehung. Damit emanzipiert sie sich von Freuds Auffassung, wonach Psychosen mit Psychoanalyse nicht zu behandeln seien. In den USA prägt sie vor allem der unkonventionelle Psychiater Harry Stack Sullivan, der seine interpersonelle Therapie mit Schizophrenen in Chestnut Lodge an Ärzte und Pflegepersonal weitergibt und in New York mit Frieda Fromm-Reichmann und anderen ein Ausbildungsinstitut für angehende Psychotherapeuten gründet. Das heute noch existierende William Alanson White Institute versteht sich als moderne Antwort auf die Lehre Freuds. In ihrer 1950 erschienenen Studie *Principles of Intensive Psychotherapy* entwickelt die Psychiaterin Sullivans und Freuds Ansätze weiter. »Interessant ist, dass Frieda Fromm-Reichmann selbst keine hohe Meinung von den eigenen Schriften hatte. Ich erinnere mich daran, dass sie ihre ›Gesetze der intensiven Psychotherapie‹ als Kochbuch bezeichnete«[65], erinnert sich Alberta Szalita.

Auch in den USA bleibt die Familie Fixpunkt – obwohl sie nach der Emigration 1933 Tausende von Kilometern trennen. Regelmäßig wechseln Briefe über den Atlantik. Mit Sorge verfolgt sie die Situation in Deutschland und ist beruhigt, als Mutter und Schwestern die Flucht nach England und Palästina gelingt. Zu dem Frauenhaushalt hat sich die berühmte Tante Helene Simon gesellt. Die Sozialreformerin gründete in Deutschland die Arbeiterwohlfahrt mit. In England war die unverheiratete Sozialdemokratin bekannt, da sie über den britischen Frühsozialisten Robert Owen geforscht hatte und Mitglied einer sozialistischen Intellektuellenbewegung war.

Frieda Fromm-Reichmann bleibt in den USA den liebgewonnenen jüdisch-deutschen Traditionen treu. Sie kleidet sich hausbacken, das Cottage möbliert sie europäisch. Eine Köchin serviert Menüs auf Silber und Kristall. Der Hausmeister stellt frische Blumen hin und parkt ihr Auto. Neue Mitarbeiter bittet sie zu einem opulenten Abendessen. Einmal im Jahr reist sie in die Sommerfrische nach Santa Fe in New Mexico.

Die Psychoanalytikerin – Vorbild für die Figur der Dr. Fried in
Ich hab dir nie einen Rosengarten versprochen

Sie kümmert sich intensiv um ihre Freunde. Da sie in ihrer Arbeit aufgeht, besitzt sie wenige Vertraute, Freundschaften ergeben sich aus Berufskontakten. »Während meiner vier Jahre in Rockville, Maryland, waren meine vielen Begegnungen mit Frieda Fromm-Reichmann sowohl beruflicher als auch sozialer Natur. Sie supervidierte mich für kurze Zeit. Später entwickelte sich zwischen uns eine Freundschaft«[66], erzählt Alberta Szalita.

Kaffee, Zigaretten, Stress und ein immenses Arbeitspensum führen zum Raubbau an ihrer Gesundheit. So fürsorglich sie sich um andere kümmert, so wenig sorgt sie für sich selbst. Neben ihrer therapeutischen Arbeit unterrichtet sie als Ausbildungsanalytikerin und Dozentin in New York und Washington, forscht und arbeitet als Supervisorin fast aller Ärzte. Parallel wird sie wegen ihres Abweichens von der klassischen Psychoanalyse in den Fünfzigerjahren angefeindet. Gleichzeitig revolutioniert das Aufkommen wirksamer Neuroleptika die Behandlung von Psychosen. In Chestnut Lodge kommt es unter Ärzten und Pflegepersonal zu Spannungen. Auch der Tod der Mutter und das Zusammenleben der Schwestern in Israel gehen nicht spurlos an Frieda vorüber. Ihre zunehmende Schwerhörigkeit verstärkt ihre Einsamkeit und schränkt ihre therapeutische Arbeit ein. Was es bedeutet, fast taub zu sein, hatte sie bei ihren Eltern erlebt. Bezeichnenderweise forscht sie in ihrer letzten, nicht fertiggestellten Studie über die Einsamkeit als Ursache psychiatrischer Krankheiten. »*Echte Einsamkeit endet aber schließlich in der Entwicklung psychotischer Zustände. Sie macht die Menschen, die an ihr leiden, emotional gelähmt und hilflos*«[67], heißt es in ihrer Schrift. Sie stirbt 1957 in der Badewanne an einem Herzschlag, wobei unklar ist, inwieweit sie den Tod, ähnlich wie ihr Vater, provoziert hat. Ihr Grabstein trägt die bezeichnende Inschrift: »*Ich war nicht faul und hatte sehr viel Spaß, aber auf andere Weise als viele andere. Es war eine sehr spezielle Art von Spaß.*«[68]

Das amerikanische Privatsanatorium Chestnut Lodge nahe Washington

»Er soll mir lieber einen Platz im Aufsichtsrat anbieten.«

Die Gründungspräsidentin des Verbandes deutscher Unternehmerinnen,
Käte Ahlmann

KAPITEL 5

Selbstständige und Unternehmerinnen

»*Menschenrechte haben kein Geschlecht*«, bringt es die deutsche Frauenrechtlerin und Schriftstellerin Hedwig Dohm bereits 1876 auf den Punkt. Bis zur Gleichberechtigung von Mann und Frau bedarf es während des 20. Jahrhunderts aber noch langer Kämpfe. Vor allem verheiratete Frauen, die einem Beruf nachgehen wollen, werden in allen deutschsprachigen Ländern lange benachteiligt: Der Ehemann bestimmt, ob die Gattin arbeiten darf. Der Staat stellt verheiratete Frauen gar nicht erst als Lehrerinnen ein. In freien Berufen, wie beispielsweise als Apothekerin, bleibt die verheiratete Frau häufig Angestellte ihres Mannes. Das in Deutschland im Jahr 1900 erlassene Bürgerliche Gesetzbuch (BGB) zementiert patriarchale Familienstrukturen. Auch ledige Frauen müssen viele Hürden überwinden, um als Anwältinnen, Architektinnen und Ärztinnen Büros und Praxen eröffnen zu können. Dabei besetzen sie zumeist Nischenfächer und verdienen weniger Geld als ihre männlichen Kollegen. Der ersten Schweizer Juristin, Emilie Kemplin-Spyri, wird 1887 die Zulassung zum Anwaltsberuf mit der Begründung versagt, sie besitze als Frau kein Aktivwahlrecht. Erst 1923 dürfen Frauen als Anwältinnen in der Schweiz arbeiten. Das Stimm- und Wahlrecht in eidgenössischen Fragen erhalten Schweizerinnen erst 1971, während Deutsche und Österreicherinnen seit 1918 wählen dürfen. Das nationalsozialistische Regime beschneidet erneut die Rechte verheirateter Frauen, die systematisch aus dem Beruf gedrängt werden. Im Krieg greift der Staat auf Frauen zurück.

1894–1955

Die Schweizer
Architektin

Lux Guyer

»Lebe deine Träume.«

Häuser zu bauen und einzurichten ist ihr Traum. *»Vor drei Jahren be-*
gann sie an der Technischen Hochschule und der Kunstgewerbeschule
Architektur zu studieren, wovon sie schon immer geträumt hatte. Die
Erlaubnis hierfür zu erhalten war schwer, weil bei uns in Zürich eine
Architektin nicht vorstellbar ist«[10], schreibt Rosie Guyer 1918 an ihre ehemalige »Gastmutter« in Paris, Madame Gaumont, um ihre Schwester
Louise nach Paris zu empfehlen. Die Architektur ist über Jahrhunderte
eine Männerdomäne. Dem »schwachen« Geschlecht wird aus biologi-
schen Gründen nicht zugetraut, auf Gerüste zu klettern, Handwerker zu
beaufsichtigen und wirtschaftlich zu kalkulieren. Genialität und Kreativität besitzt nach der Logik des 19. Jahrhunderts nur der Mann. Selbst
der Kunsthistoriker Hans Hildebrandt, der sich dem Neuen Bauen ver-
schrieb, urteilt in seinem Buch *Die Frau als Künstlerin* 1928 über die ers-

ten Architektinnen: »*Die Zahl der Baukünstlerinnen hingegen ist bis an die Schwelle der Gegenwart – die eine allmähliche Wandlung vorzubereiten scheint – so verschwindend gering, und was sie geschaffen hat, ist so belanglos neben der Gestaltung des Mannes, dass man der Frau keinen Unbill zufügt, wenn man sie als unfruchtbar im Bereich der Architektur bezeichnet.*«[11] Allenfalls für das Ausschmücken von Innenräumen mit Stoffen, Möbeln und Zierrat reiche die weibliche Kreativität.

Auch wenn sich die Technischen Hochschulen, Kunstgewerbeschulen und Baugewerkschulen zu Beginn des 20. Jahrhunderts langsam für Frauen öffnen – Misstrauen und Vorbehalte begegnen den ersten Architekturstudentinnen auf Schritt und Tritt. Um 1900 sind nur 2,6 Prozent der Architekturstudenten weiblich. Häufig stammen sie aus »gutem Haus« und häufig arbeiten Vater, Bruder oder Onkel als Bauingenieure oder Architekten. Die erste deutsche Architektin, Emilie Winkelmann, zeichnete im großväterlichen Zimmereibetrieb Entwürfe für Ziegelei und eine Ölfabrik, bis sie sich mit 27 Jahren unter dem Namen »E. Winkelmann« 1902 für ein Architekturstudium einschreibt.

Bauen bedeutet in den Zwanzigerjahren, Lebensentwürfe der Moderne zu gestalten. Kubus, rechter Winkel, Holz, Glas, Zement und Stahl ersetzen Plüsch, Schnörkel und Prunk. Enge und Dreck in den Mietskasernen will die Avantgarde gegen Licht und Sonne eintauschen. Bezahlbarer wie lebenswerter »Wohnraum für alle« lautet die Herausforderung. Architekten wie Walter Gropius, Max und Bruno Taut, Ludwig Mies van der Rohe bauen im neuen, demokratischen Stil. 1919 gründet Gropius in Weimar das Staatliche Bauhaus, das erstmals Kunst und Handwerk verbindet und sich als Avantgarde moderner Architektur und Kunst sowie modernen Designs versteht. Das demokratische Bauen reizt eine Reihe unabhängiger Frauen. Wie ihre Kollegen entwerfen die Architektinnen der »zweiten Generation« Musterhäuser für Familien, Einbauküchen und Wohnungen für berufstätige Frauen. Geprägt von sozialen Idealen und Utopien, wird Städtebau zum politischen Programm.

Die Schweizer Architektin Louise Guyer bildet zwischen den Pionierinnen, die als Privatarchitektinnen Fabriken, Kasernen und Landhäuser planen, und den Architektinnen, die sich dem Neuen Bauen verschreiben, ein Bindeglied. »So wird ihr Werk gerade unter diesem Aspekt der Zurückhaltung interessant: dort, wo es den Avantgardehabitus verlässt, über die stilistisch kompakten Bautengruppen der zwanziger und dreißiger Jahre hinausgeht und sich formaler Mittel zu bedienen beginnt, die dem typisch schweizerischen Massstab der Qualität des hohen Durchschnitts entsprechen.«[12] Da der 1894 in Zürich geborenen Lehrerstochter ein Architekturstudium verwehrt ist, belegt sie kunsthandwerkliche und innenarchitektonische Kurse an der Züricher Gewerbeschule und hört als Fachhörerin bei den bekannten Schweizer Architekten Gustav Gull und Karl Coelestin Moser. In einer autobiografischen Skizze beschreibt Louise Guyer, wie der üppig blühende Garten ihrer Großeltern ihren Sinn für Proportionen und Rhythmus prägte. »*Silberpappeln und Aprikosenbäume, Forellen im murmelnden Bach, Feuerbusch, Levkojen, Granaten, japanische Quitten und Formobstbäume*« seien ihr erster »*antiker Tempel*«, ihre »*erste Kathedrale*«[13] gewesen.

Als Frau will sie sich nicht »*auf die Schattenseite*« drängen lassen. Ihr Ziel ist finanzielle Unabhängigkeit, fern von Herkunftsenge wie gesellschaftlicher Konvention. Darin wird sie unterstützt von ihren Schwestern Rosie und Claire, mit denen sie eine Lebensfreundschaft verbindet. Die Lehrerin Rosie träumt von einer Karriere als Schriftstellerin oder Pianistin. Die jüngere Schwester Claire will Modedesignerin werden. Die Schwestern lesen Friedrich Nietzsche, Leo Tolstoi, Honoré de Balzac oder Fjodor Dostojewski. Die Emigration in die USA, Bulgarien oder Russland wird ebenso erwogen wie ein gemeinsames Leben als Künstlerinnen. »Lebe deine Träume« lautet ihr Motto. Auf Rosies Empfehlung zieht Louise nach überwundener Tuberkulose 1920 nach Paris. Dort zeichnet sie im Louvre und in der Bibliothèque nationale. Entscheidende Impulse erhält sie durch Madame Gaumonts Schwester Jeanne Lanvin, die 1889 ihr Modeimperium gründete und raffinierte Kleider, Hüte und Tapeten für die Hautevolee entwirft. Täglich wechseln überschwängliche Briefe zwischen Rosie und Louise, in denen sie sich als »*mein liebstes Herz*« und »*mein liebstes, süsses Luxli*« bezeichnen.

»*Wirklich Kinder, ich bin so stark und leistungsfähig wie in meinem Leben noch nie. Und ich finde das Leben so unsagbar schön*«[14], lässt Louise, die sich nun Lux nennt, aus Florenz 1921 ihre Schwestern wissen.

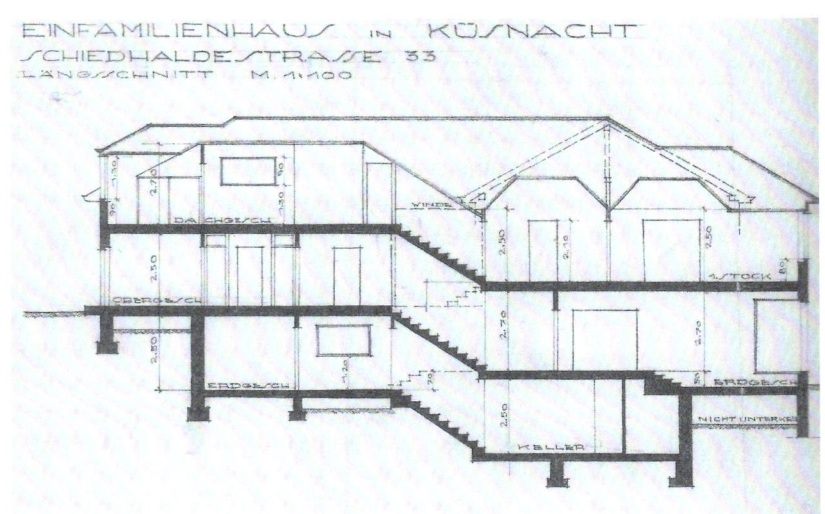

In fünf Monaten taucht sie in die Renaissance ein, verkehrt in dem Salon des amerikanischen Kunstsammlers Charles Loeser und befreit sich endgültig von »*Schnüren und Fesseln*«. In London, der nächsten Station ihrer Grand Tour, lernt sie Galeristen, Musiker, Schriftsteller und Theatermacher kennen und entdeckt ihr Interesse an zeitgenössischen Bauten. Gleichzeitig realisiert sie, wie hoch die Hürden für eine Architektin sind. Sie jobbt in Architekturbüros, versucht später in Berlin, Aufträge an Land zu ziehen. Die Bauflaute zu Beginn der Zwanzigerjahre verhindert, dass Lux in Berlin Fuß fasst. Aus Inflationsgewinn kauft sie Möbel, Tapeten, Geschirr, Besteck und für Rosie ein Klavier. Hausrat und Musikinstrument werden nach Zürich geschickt, wo die noch unverheirateten Schwestern ein Häuschen bewohnen, in das sie selbst 1923 zurückkehrt. Die Schwestern richten sich ihr Refugium ein, tapezieren die Wände in Grün, Gelb, Rot mit darauf abgestimmten Textilien, Teppichen wie sparsam ausgesuchten Möbeln. Wie oft in ihrem Leben probiert Lux Guyer im familiären Umfeld Wohnformen aus, die sie später für Fremde schafft. In der Heimatstadt gelingt der 30-Jährigen ohne

Längsschnitt des Hauses in der Schiedhaldestraße 33, wo auch
Thomas Mann als Mieter wohnte

Diplom der Durchbruch: 1924 eröffnet sie in der Bahnhofstraße als eine der ersten selbstständigen Architektinnen der Schweiz ein Büro, das in seiner Hochphase bis zu 30 Mitarbeiter beschäftigt. Den Berufseintritt empfindet die Kosmopolitin als Erlösung: Da »*fing mein Leben an – wunderbar einfach, entspannt, dankbar*«.[15]

Schon während ihrer Grand Tour wird Lux Guyer mit den Wohnproblemen alleinstehender Frauen konfrontiert, für die es als unschicklich gilt, woanders als bei der Familie zu wohnen. 1925 arbeiten im Deutschen Reich bereits fast 36 Prozent der weiblichen Bevölkerung, vielfach in Industrie und Handel. Dennoch entstehen in Deutschland und Österreich nur wenige sogenannte Ledigenheime, wie das Hedwig-Rüdiger-Haus für Postbeamtinnen in Berlin. In der Schweiz schöpft Lux Guyer hingegen aus dem Vollen. Sie baut im Auftrag der Züricher Frauenzentrale 1926 den Lettenhof. In der Wohnkolonie für berufstätige, finanziell unabhängige Frauen können diese neue Formen des kollektiven Zusammenlebens erproben. Das individuelle Wohlbehagen der Bewohnerinnen prägt die Entwürfe, die Ein- bis Dreizimmerwohnungen mit praktischer Küchenzeile, Einbaumöbeln sowie ein Restaurant vorsehen.

Als Chef-Architektin der Schweizerischen Ausstellung für Frauenarbeit in Bern zeigt Lux Guyer 1928 ihr Können – und ist ihrer Zeit weit voraus

In der ganzen Schweiz wird sie bekannt, als sie 1927 Chefarchitektin der Schweizerischen Ausstellung für Frauenarbeit, kurz: SAFFA, in Bern wird. Von den bürgerlichen Frauenorganisationen finanziert, rückt die Ausstellung erstmals die Frauenarbeit in den Fokus. In kurzer Zeit entsteht auf dem Messegelände eine temporäre Ausstellungsstadt von 113.000 Quadratmetern Gesamtfläche mit 14 Hallen und einem Aussichtsturm. » *[...] ich schachtelte Hallen so ineinander, dass sie beliebig auseinander und ineinander gefügt werden konnten. So konnte man unbedenklich die Bedürfnisse, die Anmeldungen, anwachsen lassen, ohne dass in späterer Stunde der ganze Plan gefährdet gewesen wäre*«[16], beschreibt sie ihre Herangehensweise. Hängende Tuchbahnen, bemalte Holzböden, Kandelaber und bespannte Innenwände verwandeln die nüchternen Messehallen in Räume mit poetischer Atmosphäre – unterstützt durch eine stimmige Farbkomposition. Farbige Bänder, Leuchtreklamen, rote und weiße Flaggen weisen den Weg vom Bahnhof zur Messe, in deren Höfen Werke bekannter Schweizer Künstlerinnen ausgestellt werden. Mit rund 800.000 Besuchern übertrifft die Ausstellung alle Erwartungen, auch wenn sie ihr eigentliches Ziel, die Einführung des Wahlrechts für Frauen, nicht erreicht. Das von Lux Guyer entworfene hölzerne Fertighaus für den intellektuellen Mittelstand kann sich nicht durchsetzen. Von über 130 Interessenten kauft nur eine Aargauer Geflügelzüchterin das *»behagliche wie billige«* Einfamilienhaus. Die Zeit ist in der Schweiz noch nicht reif für eine Architektur, die sich mit der Typisierung von Stilelementen dem Neuen Bauen annähert. In Deutschland begünstigt die Wohnungsknappheit in den Zwanzigerjahren Wohnprogramme für den Großstadtmenschen: In Stuttgart baut der Deutsche Werkbund die Weißenhofsiedlung, in Frankfurt setzt der innovative Stadtbaurat Ernst May neue Standards im Siedlungsbau.

»Atmosphäre ist ja wichtig für alle Arbeit. Besonders für das künstlerische Schaffen«[17], zitiert die Publizistin Elga Kern in ihrem Buch *Führende Frauen Europas* die Architektin. Eine behagliche Wohnkultur, die gleichzeitig auf Funktionalität setzt, schafft Lux Guyer schon im SAFFA-Haus durch eigens entworfene Möbel wie blaugrau gestrichene Einbauschränke, ein belüftbares Kinderklappbett

Louise Guyer als Studentin

und einen Servierboy auf Rollen. In ihren späteren Villen mischt sie Familienerbstücke mit repräsentativen Eigenentwürfen, wofür Arthur Rüegg den Begriff des »autobiografischen Wohnens«[18] prägt und von einer »Einrichtungsobsession der Züricherin« spricht. Diese teilt sie mit ihrer jüngeren Schwester, die bei der Schweizer Allround-Künstlerin Sophie Taeuber-Arp Kurbelstickerei studiert und sich wie viele Künstlerinnen ihrer Zeit zwischen Malerei und Kunstgewerbe bewegt. Gemeinsam richten die unkonventionellen Schwestern Villen und Wohnhäuser ein und experimentieren mit Farben, Materialien und veränderter Raumfolge, um die Bewohner vom Korsett repräsentativer Wohnkultur zu befreien. Gleichzeitig bleiben sie dem bürgerlichen Geschmack mit seinem Wunsch nach Gemütlichkeit verhaftet und versuchen einen Mittelweg zwischen Tradition und Moderne. Auf ihrem Nachttisch hat sie stets einen Zeichenblock und Stift für nächtliche Einfälle.

Lux Guyer trägt von Beginn an das unternehmerische Risiko. Vielfach baut sie auf eigene Rechnung. Gemeinsam mit ihrem späteren Mann Hans Studer kauft sie 1929 Grundstücke in der Züricher Siedlung Südend, wo fünf Mehrfamilienhäuser entstehen. Manche Häuser lassen sich erst vermieten oder verkaufen, wenn die Architektin sie eingerichtet und bewohnt hat. In rascher Folge entwirft sie von 1929 bis 1933 herrschaftliche Villen wie für den Unternehmer Charles Rudolph, für eine enge Freundin des Physikers Albert Einstein oder für die Fabrikantenfamilie Boveri. Die meisten Villen baut sie für Freunde und Bekannte in Zürich-Küsnacht. Dort wohnen im frühen 20. Jahrhundert bevorzugt begüterte Intellektuelle wie der Psychiater Carl Gustav Jung oder der Sozialistenführer August Bebel. In das 1933 fertiggestellte Wohnhaus in der Schiedhaldestraße 33 zieht als Mieter der Schriftsteller Thomas Mann ein. Dieser schimpft über die »dilettantische« Bauweise, die »lächerliche« Hellhörigkeit und die »unzulängliche Möblierung«.[19] Später wird er sich dennoch wehmütig an das große rosarote Haus erinnern, in dem bis zum Wegzug Teile von Joseph und seine Brüder und Lotte in Weimar entstehen. Im Krieg bewohnt die ältere Schwester Rosie mit Familie das Haus, die zuvor mit ihrem Mann Erwin Schnitter, einem erfolgreichen Bauingenieur, Jahre in Albanien, Irland, Belgien und den Niederlanden verbracht hatte.

In die fruchtbare Phase vor 1939 fällt der Bau des Hauses Sunnebüel in Küsnacht samt Blumen- und Gemüsegarten für die eigene Familie. 1930 heiratet sie den Bauingenieur Hans Studer, der am Bau der Rätischen Bahn beteiligt war. Gemeinsam mit der Mutter, der unverheirateten Claire, Köchin und Dienstmädchen zieht das Ehepaar in das großzügig gebaute Haus ein. Mit den Ateliers, einer zweigeschossigen, lichtdurchfluteten Halle sowie separierten Schlaf-, Arbeits- und Wirtschaftsräumen passt sich auch diese Villa an die unterschiedlichen Wünsche und Bedürfnisse ihrer Bewohner an. Nach der Heirat behält Lux Guyer ihr Büro. »In ihrem Beruf als Architektin hatte sie in einer Domäne, die von Männern beherrscht war, schwer zu kämpfen. Darin wurde sie von ihrem Mann sehr unterstützt«[20], erinnert sich ihr Sohn Urs, der 1933 zur Welt kam. Dank ihrer charismatischen wie unprätentiösen Art zieht Lux Guyer interessante Menschen an. Das Ehepaar pflegt eine heitere Gastfreundschaft mit Musikern, Bildhauern, Schriftstellern und Journalisten, veranstaltet Hauskonzerte und Abendessen. »Meine Mutter besass eine starke positive Ausstrahlung, die diese Räume erfüllte und die die Menschen, die ihr begegneten, in ihren Bann zog.«[21] Eine

Lux Guyer mit Schülerinnen

weitere Leidenschaft der Mozart-Liebhaberin ist ihr Garten, in dem sie üppig sprießende Blumen wachsen lässt.

In den Kriegsjahren kommt es zu einer Krise der Bauwirtschaft: Die Architektin erhält kaum Aufträge, und wenn sie baut, dann deutlich bescheidenere Häuser und Feriendomizile. Um sich finanziell über Wasser zu halten, gründen Claire und Lux eine Frauenschule für häusliche Kultur, in der sie in Hauswirtschaft und Gartenbau unterrichten. 1941 entsteht das später zerstörte Züricher Haus zur Münz als Gesamtkunstwerk, das mit Café, Konferenzräumen, Duschen und Aufenthaltsräumen Reisenden und Geschäftsleuten nach italienischem Vorbild als *Albergo diurno*, als Tageserholungsheim, dient. In seinem Zusammenspiel von Mobiliar, Vorhängen, Tapeten, Deckenfriesen und volkstümlicher Keramik verschreibt es sich ganz der Heiterkeit. Die Innenräume des ehemaligen Augustinerklosters baut sie gemeinsam mit befreundeten Künstlerinnen um. Unkonventionell ist auch ihr Ansatz für ein Altersheim über dem Genfer See, das ein Landhaus imitiert. Nach dem Krieg entstehen 1945 eine Reihe Ein- und Mehrfamilienhäuser sowie die Appartementanlage Résidence in Zürich, für die Lux Guyer sich hoch verschuldet hat. Kurz nach Fertigstellung der Anlage stirbt sie 1955 unerwartet an einer Niereninsuffizienz. Ihre Nichte und ihre Enkel setzen ihr Erbe fort und arbeiten erfolgreich als Architekten. Inzwischen ist das lebensfrohe wie eigenständige Werk der Schweizer Architektin weit über die Fachwelt hinaus bekannt.

1897–1985

Die Schönheits-
chirurgin
und Gründerin der
deutschen
Soroptimisten

Edith Peritz

*»Ich stand am Beginn einer glänzenden
und sehr ertragreichen Karriere.«*

Wie über eine Person schreiben, über die zunächst nur dürre biografische Daten bekannt sind? Die Datenbank »Ärztinnen im Kaiserreich« des Instituts für Geschichte der Medizin und für Ethik in der Medizin der Berliner Charité liefert erste berufliche Angaben. Der Soroptimisten-Club Berlin steuert nach und nach Material über seine Gründungspräsidentin bei, sodass die Biografie sich wie ein Puzzle ergänzt und an Farbe wie an Kontur gewinnt. Schließlich fällt mir bei der Recherche die literarische Familienchronik von Joseph Pearce in die Hände, die 2009 unter dem Titel *Terres de promesse. Chronique familiale* erschienen ist.

Darin nimmt der belgische Schriftsteller seine Leser mit auf eine literarische Spurensuche der Familie Peritz. Erst an seinem 14. Geburtstag offenbart ihm der Vater Vernon, dass er in Wirklichkeit Werner Peritz heißt und sich als deutscher Jude nach der Flucht aus Breslau umbenannt hat. Das Geständnis nimmt sein Sohn zum Anlass, die über den Globus zerstreute Familie Peritz aufzuspüren und ihre Geschichten zu erzählen – unter anderem auch die seiner direkten Tante Edith Peritz.

Von ihr existieren Porträts aus den frühen 1930er-Jahren. Eines zeigt die junge Chirurgin, wie sie im geöffneten Medizinschrank Instrumente sortiert. Meisterlich hält die Berliner Fotografin Lotte Jacobi den Moment hoher Konzentration fest, als stünde der nächste Eingriff unmittelbar bevor. Die Fotokünstlerin Lotte Jacobi avanciert zur gefeierten Porträtistin der »himmlischen Boheme«, deren Aufnahmen Hochglanzmagazine schmücken. Zu ihren Kunden zählen die dichtenden Geschwister Erika und Klaus Mann ebenso wie der Physiker Albert Einstein, der Maler Georg Grosz und der Münchner Komiker Karl Valentin. Es spricht für ihr gesellschaftliches Renommee, dass Edith Peritz sich kurz nach Praxiseröffnung von ihrer Clubschwester für die Buchpublikation *Unsere Zeit in 77 Frauenbildnissen* fotografieren lässt. Mit schwarzer Krawatte unter dem frischgebügelten Arztkittel und streng gescheiteltem Bubikopf verkörpert die Ärztin den Typus der Garçonne, die die Nächte in Klubs durchtanzt, eisgekühlte Drinks in Bars rund um den Ku'damm schlürft und sich in Kabaretts und Varietés der pulsierenden Reichshauptstadt amüsiert.

1899 werden Frauen im Deutschen Reich zum medizinischen Staatsexamen zugelassen und erhalten die Approbation

Wann die Medizinerin von Breslau nach Berlin zieht, lässt sich nicht mehr rekonstruieren. Im schlesischen Breslau gehört die Familie zum deutschnationalen jüdischen Bürgertum, das innerhalb einer Generation den sozialen Aufstieg vollzieht. Ediths Vater, Meyer Peritz, arbeitet als Chirurg in der eigenen Praxis, ganz modern mit Telefon. Seine

1897 geborene Tochter Edith wächst gemeinsam mit einem Bruder, der ebenfalls Chirurg wird, und einer Schwester auf. Wahrscheinlich beginnt die Arzttochter ihr Medizinstudium noch während des Ersten Weltkriegs. Nach Jahrzehnten erbitterter Kämpfe werden Frauen seit 1899 im Deutschen Reich zum medizinischen Staatsexamen zugelassen und erhalten die Approbation. Ein Jahr später werden die Schweizer Examen anerkannt. Damit dürfen die ersten deutschen Medizinstudentinnen Franziska Tiburtius und Emilie Lehmus als anerkannte Ärztinnen arbeiten, die bereits 1878 in Berlin eine gut gehende Praxis für Frauen eröffneten und sich dafür als »Kurpfuscherinnen« diffamieren lassen mussten. Die Medizinerinnen erweitern ihre Praxis wegen des großen Erfolgs bald um Poliklinik und Pflegeanstalt. Andere Medizinerinnen erobern sich Positionen als Schulärztinnen, in Beratungsstellen für Sexual-, Ehe- und Familienfragen, bei Verbänden und Krankenkassen oder arbeiten in von Frauen geleiteten Kliniken wie der 1908 in Berlin gegründeten Chirurgischen Klinik weiblicher Ärzte. Bis 1918 werden über 750 Frauen in Deutschland approbiert. Um Vorbehalte abzumildern, hatte die bürgerliche Frauenbewegung Ende des 19. Jahrhunderts beim Kampf um die Zulassung das gesellschaftlich akzeptierte Frauenbild nicht in Frage gestellt. Vielmehr seien Frauen wegen ihrer »typisch weiblichen« Eigenschaften wie Geduld, Empathie und Mütterlichkeit als Ärztinnen für Frauen und Kinder besonders geeignet, zumal sich Patientinnen ungern von männlichen Medizinern untersuchen lassen. Die ersten Medizinerinnen wählen deshalb häufig Fächer wie Kinderheilkunde, Gynäkologie, Innere Medizin oder Psychiatrie.

Auch Edith Peritz schließt ihr Studium 1922 mit einer Promotion in Kinderheilkunde zum Thema »*Hochgradige Polyglobulie im frühesten Säuglingsalter bei gleichzeitig bestehenden ausgedehnten Mißbildungen der Harnwege*« an der schlesischen Universität ab. Als vermutlich unbezahlte Assistentin am Berliner Rudolf-Virchow-Krankenhaus wendet sie sich 1926/27 zunächst der Inneren Medizin zu, um sich später dem innovativen Fach der Schönheitschirurgie zu verschreiben, die sich in den Zwanzigerjahren von der plastischen Chirurgie emanzipiert. Da es deutschlandweit kaum Koryphäen gibt, zieht die Deutsche vor 1928 nach Paris, wo sie in der Privatklinik der international renommierten ästhetischen Chirurgin Suzanne Noël die Verfahren des minimalinvasiven Facelifitings ebenso kennenlernt wie Augenlidkorrekturen.

Vielleicht hatte Edith Peritz sich von Noëls 1926 erschienenem Standardwerk *La Chirurgie Esthétique, Son Rôle Social* begeistern lassen, in dem die Französin ihre innovativen Operationsmethoden beschreibt, die sie als plastische Chirurgin nach ihren Erfahrungen mit Verstümmelungen und entstellten Wunden von Soldaten weiterentwickelt. Für die Feministin sind Schönheitsoperationen eine Möglichkeit für Frauen, sich länger jung und begehrenswert zu fühlen. Damit reagiert Noël auf ein verändertes Schönheitsideal, wie es um 1900 im Film und in der Werbung vermittelt wird. Die androgyne Frau zieht durch Grazie, rotgeschminkte Lippen und Koketterie die Herrenwelt in Bann. Diät ersetzt das Korsett. Modejournale wie die *Vogue* arrangieren Damen im »kleinen Schwarzen«, die sich in französischen Designerhäusern wie Chanel, Lanvin, Doucet oder Drecoll in den weißen Flanellmantel, in knieumspielende Röcke oder in schwarze Kaschmirpullover mit Schleife hüllen. Die amerikanischen Kosmetikunternehmerinnen und erbitterten Konkurrentinnen Helena Rubinstein und Elizabeth Arden eröffnen 1912 beziehungsweise 1922 Kosmetiksalons in Paris.

Die Pariser Schönheitschirurgin Suzanne Noël ermuntert Edith Peritz, einen Club für berufstätige Frauen ins Leben zu rufen – 1930 gründet sie in Berlin die Soroptimisten

Doch hinter der Befreiung lauert ein neuer Zwang: Denn nur wer attraktiv ist, hat Chancen im Liebeskarussell und kann sich behaupten. Suzanne Noëls Kundinnen gehören zur Hocharistokratie, sind Schauspielerinnen und Musikerinnen – und einfache Geschäftsfrauen. Wahrscheinlich taucht Edith Peritz in das feingesponnene internationale Netzwerk der Schönheitschirurgin ein. Vielleicht begeistert sie die schwarze Tänzerin Josephine Baker mit ihren Nackttänzen im Bananenröckchen, vielleicht diskutiert sie im Salon von Gertrude Stein mit dem amerikanischen Schriftsteller Ernest Hemingway oder trinkt Martini mit der Autorin Djuna Barnes, die sie in ihren intellektuell-lesbischen Freundinnenkreis am linken Seine-Ufer einführt. Zumindest wird Edith Peritz ihr Französisch verfeinert haben. Das Verhältnis zu der lebenserfahrenen Schönheitschirurgin entwickelt sich so intensiv, dass diese sie ermuntert, in Berlin einen Club für berufstätige Frauen zu gründen – die Soroptimisten. *»Nichtsdestotrotz schrieb sie später, dass sie zu diesem Zeitpunkt mit ihrer ›Suche nach Schülern‹ begann«*[22], schreibt die amerikanische Historikerin Paula Martin.

Der erste dieser Clubs wird 1921 von der Amerikanerin Adelaide Goddard in Kalifornien aus der Taufe gehoben. Suzanne Noël etabliert die Soroptimisten weltweit: Nach dem Pariser Club 1924 werden Clubs in Den Haag und Mailand gegründet. 1930 steht die Französin Patin für den ersten deutschen Soroptimisten-Club, dem Edith Peritz als erste Präsidentin vorsteht. Der Name leitet sich vom lateinischen »sorores optimae« – »beste Schwestern« – ab. 1933 zählt der Berliner Club rund vierzig Mitglieder, die zur Crème de la Crème des fortschrittlichen Berlins gehören. Die Schauspielerin Tilla Durieux gehört ebenso dazu wie die pazifistische Künstlerin Annot Jacobi, die Journalistin Gabriele Tergit, die Anwältin Margaret Berent, eine Juwelierin und Pensionsinhaberin. Dienstags speist man im Restaurant Hahnen am Nollendorfplatz. Die Clubschwestern gestalten in der Lessing-Hochschule den Vortragszyklus »Frauen über Frauenberufe« mit und richten in der Ausstellung »Wohnen und Mode« den Raum »Wohn- und Bibliothekszimmer der berufstätigen Frau« ein. Ziel des Clublebens ist es, *»Ablenkung von der*

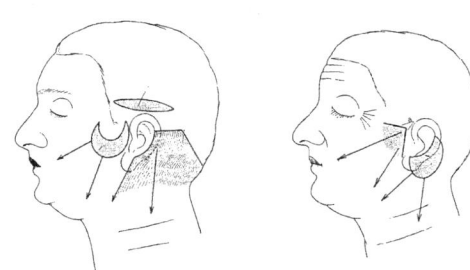

Schnittzeichnungen für plastische Operationen aus Suzanne Noëls Standardwerk »La Chirurgie Esthétique« (1926)

drückenden Last des Tages zu bieten«[23], wie Edith Peritz im Jahresbericht 1931 schreibt. Die Schwestern laden deshalb zu Autorinnenlesungen, Museumsrundgängen und Konzerten und pflegen einen regen Austausch mit Soroptimisten aus den USA, Paris, London, Wien und Bristol. *»Wir trafen uns, erzählten uns gegenseitig aus unserem Berufsleben und seinen Problemen, wir kamen aus unserem Alltag heraus, lernten eine Menge und waren schrecklich stolz aufeinander*«[24], schreibt Edith Peritz rückblickend.

Neben dem Präsidentenamt baut die Ärztin ab 1928 eine Praxis für ästhetische Chirurgie auf, die wegen ihres Renommees deutschlandweit Patientinnen anzieht. Die Praxis mit angeschlossener Wohnung – in der die Breslauerin alleine lebt – liegt im gutbürgerlichen Charlottenburg. *»Ich stand damals als Schönheitschirurgin am Beginn einer glänzenden wie sehr ertragreichen Praxis*«[25], resümiert sie in ihrem Entschädigungsantrag. Parallel engagiert sich die Chirurgin im 1924 gegründeten Bund Deutscher Ärztinnen, der für eine Abschaffung des Verbots beziehungsweise für eine Liberalisierung des Schwangerschaftsabbruchs und eine Legalisierung der Prostitution kämpft. 1931 wählt der Ortsverband Berlin-Brandenburg sie zur ersten Vorsitzenden. Ein Jahr später veröffentlicht Edith Peritz einen bahnbrechenden Artikel über »kosmetische Chirurgie« in der Verbandszeitschrift. Frauenjournale interviewen sie als erste Berliner Ärztin für ästhetische Chirurgie. »Wir alle, die Frau Peritz damals kannten, sahen für sie noch eine große berufliche Entwicklung voraus, wie auch eine wichtige Rolle im Frauenleben Berlins«[26], urteilt Theanolte Bähnisch in ihrer Bescheinigung für den Entschädigungsantrag 1958. Die jüdische Ärztin scheint 1933 bestens integriert – bis die »Machtübernahme« der Nationalsozialisten ihre Existenz in Frage stellt.

Beim dem sogenannten »Judenboykott« am 1. April 1933 werden deutschlandweit Arztpraxen und Krankenstationen zerstört; am 22. April verlieren jüdische Mediziner mit eigener Ordination ihre Kassenzulassung. Edith Peritz kann zunächst ihre Privatpraxis in die Hardenbergstraße verlegen. Ausgegrenzt wird sie als Vorsitzende im Berliner Ortsverband, der sie aus »rassischen Gründen« nicht mehr zu Sitzungen zulässt. Ende Juni beschließt der Bund deutscher Ärztinnen – in der ein Viertel aller Ärztinnen organisiert ist –, »nichtarische«

Mitglieder auszuschließen. »*Der Erfolg der Gleichschaltung kann als durchschlagend bezeichnet werden*«[27], frohlockt das Verbandsmagazin. Unterstützt wird die Chirurgin von ihren Clubschwestern, die sich wegen ihrer vielen jüdischen Mitglieder im Verborgenen treffen. Die spätere Regierungspräsidentin von Hannover und Clubschwester Theanolte Bähnisch eröffnet 1933 mit ihrem Mann eine Anwaltskanzlei, um Verfolgten zu helfen. Zu ihrem Freundeskreis zählen die Widerstandskämpfer Ernst von Harnack und Erwin Planck, die von den Nationalsozialisten hingerichtet werden. Nelly Planck gehört ebenfalls zum Berliner Soroptimisten-Club. Wahrscheinlich, dass Edith Peritz auf diese Weise mit dem Widerstand in Verbindung gekommen ist.

In Berlin spitzt sich die Situation für die Chirurgin schließlich so zu, dass sie sich Anfang 1936 mit einem Besuchervisum nach New York einschifft, um Chancen für einen beruflichen Neuanfang zu eruieren. Ihr chirurgisches Besteck, die Praxiseinrichtung, Möbel sowie ihren Flügel lässt sie zurück. »*Eine Rückkehr war jedoch nach den mich erreichten Nachrichten über die Zustände in Deutschland ganz unmöglich, so dass ich mich entschloss, alles im Stich zu lassen und in den USA zu bleiben*«[28], schreibt sie im Entschädigungsantrag. Wie viele jüdische Emigranten lässt sie sich im intellektuellen New York nieder, wohin schon ihre Geschwister Walter und Lilo mit Familien 1935 ausgewandert sind. Einfach ist der Anfang nicht: Mitte der Dreißigerjahre schlittern die USA in eine schwere wirtschaftliche Krise mit hoher Arbeitslosigkeit. Insbesondere unter Medizinern grassiert die Angst vor Konkurrenz durch die oft unbeliebten europäischen Flüchtlinge. Viele der geflohenen Ärztinnen halten sich als Putzfrau, Kassiererin oder Pflegerin über Wasser.

1940 gründet Edith Peritz eine eigene Praxis in New York

Edith Peritz scheint Glück im Unglück gehabt zu haben: Zwar erhält sie 1936 die begehrte Kassenzulassung, wird aber nicht als Fachärztin anerkannt. Nach einer längeren Phase der Arbeitslosigkeit kommt sie ab 1937 als »überwachende Ärztin« im Institut für Körperaufbau unter.

Außerdem heiratet sie im gleichen Jahr den zehn Jahre älteren preußischen Aristokraten Karl von Lojewski, der in der Familienchronik des
Neffen Joseph Pearce als arroganter Aristokrat mit Siegelring und Mo-
nokel beschrieben wird, und erhält die amerikanische Staatsbürgerschaft. Anfang der Vierzigerjahre emigrieren eine Reihe der Berliner
Clubschwestern nach New York wie die Architektin Marie Frommer und

Die Schönheitschirurgin Edith Peritz, fotografiert im Stil der 1920er-Jahre von der
bekannten Berliner Fotografin und Soroptimisten-Clubschwester Lotte Jacobi

Lotte Jacobi. Eine weitere emotionale Anlaufstelle mag die von deutschen Ärzten gegründete »Rudolf Virchow Medical Society« gewesen sein, deren Mitglied die Chirurgin ist. 1940 gründet Edith Peritz eine eigene Praxis und nimmt hierfür Kredit bei Freunden und Banken auf. Da es ihr nicht gelingt, an die Berliner Karriere anzuknüpfen, stellt sie 1958 einen Entschädigungsantrag in Deutschland und erhält nach zweijährigem, zähen Ringen schließlich 11.500 D-Mark. Wieder erweist sich die Freundschaft zu ihren Clubschwestern als tragfähig. Theanolte Bähnisch bescheinigt ihr den Abbruch einer glänzenden Karriere durch die nationalsozialistische Verfolgung. Gleichzeitig haftet der Entschädigungsfrage etwas Tragisches an, stirbt doch Karl von Lojewski 1960 kurz nach Bewilligung des Geldes im Büro des Anwalts, der seine Frau vertritt.

Anlässlich des vierzigjährigen Berliner Clubjubiläums 1970 beschwört Edith Peritz in einem Brief den besonderen Geist der Anfangsjahre: »*Manche von Euch werden sich noch erinnern können, wie lebendig und geistig anregend Berlin war, wie es für uns den Mittelpunkt der Welt bedeutete. Für uns Frauen schien das ›Goldene Zeitalter‹ angebrochen zu sein. Die Schranken, die uns im Berufsleben und im öffentlichen Leben beengt hatten, waren gefallen [...].*«[29]

Über die amerikanischen Jahre wissen wir indessen wenig. Edith Peritz entwickelt sich aufgrund ihrer Lebensgeschichte zu einer weltgewandten wie politisch interessierten Frau, die für Völkerverständigung kämpft. »*Wir müssen dem eigenen Lande und seinen speziellen Problemen helfen, wir müssen die Beziehungen zwischen den Völkern friedlich gestalten, indem wir persönliche Beziehungen schaffen, so daß die Bewohner eines anderen Landes nicht als Feinde erscheinen, sondern als Menschen wie Du und ich*«[30], schreibt sie fast beschwörend 1970 an die Berliner Clubschwestern. Sie bereist bis ins hohe Alter die Welt bis nach Indien und Australien. In den USA wird sie nach den harten Anfangsjahren als Chirurgin so bekannt, dass sie 1964 in der Mike-Douglas-Talkshow auftritt. Nach dem Tod ihres Mannes nimmt sie offiziell ihren »Berufsnamen« Peritz wieder an, was für einen gewissen Familienstolz spricht. Sie stirbt 1985 in New York. Auch auf ihrem Grabstein fehlt der Name »von Lojewski«.

1890–1963

Die Stahlunternehmerin
und Mitbegründerin
des Verbandes deutscher
Unternehmerinnen

Käte Ahlmann

>»Nie mehr werde ich mir die
wichtigsten Geschäfte aus der Hand
gleiten lassen.«

»Ob ein Mann mir seinen Platz in der Straßenbahn anbietet, das ist mir egal, er soll mir einen Platz in seinem Aufsichtsrat anbieten.«[31] Dieser häufig zitierte Spruch charakterisiert die Besitzerin des ältesten und weithin bekannten Industriebetriebs Schleswig-Holsteins, Käte Ahlmann. Nach dem frühen Tod ihres Mannes 1931 baut sie den Betrieb, die Holler'sche Carlshütte in Büdelsdorf bei Rendsburg, in der Nachkriegszeit aus, erweitert die Produktpalette und gründet Töchterunternehmen. Als geschäftsführende Gesellschafterin »herrscht« Käte Ahlmann

über zwanzig Jahre über ein Firmenimperium, genießt in Wirtschafts-
kreisen größtes Renommee und sitzt als einzige Frau im Vorstand der
Arbeitsgemeinschaft Selbständiger Unternehmer. 1954 gründet sie den
Verband deutscher Unternehmerinnen mit – ein Netzwerk weiblicher
Firmenchefs, das international den Europagedanken weiterträgt. Ihre
Biografin Felicitas Glade charakterisiert die »Grande Dame der deutschen Unternehmerinnen« als »eine überdimensionale Gestalt, die
alles überragte, und die sich durch ihr imposantes Format vor dem Hintergrund ihres engen wie auch des weiter gespannten Umfeldes umso
deutlicher abhob«.[32]

Dabei war ihr eine derartige Karriere als 1890 in Köln geborene dritte Tochter des Senatspräsidenten beim Oberlandesgericht, Josef Braun,
nicht in die Wiege gelegt. Die Eltern gehören zum gutsituierten rhein-
ländischen Bürgertum. Die Mutter Aline entstammt der Weingroß-
händlerdynastie Langguth und führt als Gastgeberin ein kultiviertes
Haus. Die Erziehung der vier lebhaften Töchter ist für die Zeit erstaunlich modern: Jede Tochter soll einen Beruf erlernen, der sie zur Not er-
nähren kann – auch wenn die Eltern auf eine »gute Partie« hoffen. Nach
der Konfirmation besucht Käte Braun ein exklusives Pensionat in der
französischsprachigen Schweiz, wo sie neben Fremdsprachen in Musik
und Sport unterrichtet wird, um den letzten gesellschaftlichen Schliff zu
erhalten. Anschließend führt die Mutter sie in die Kunst ein, einen großen Haushalt samt Personal zu dirigieren. An sich möchte Käte Braun
Landwirtschaft studieren, womit sie allerdings selbst bei ihren innovativen Eltern auf Unverständnis stößt. Schließlich erlauben sie ihr 1908,
eine der neu gegründeten Gartenbauschulen zu besuchen.

Die Frauenrechtlerin und Unternehmerin Hedwig Heyl löste Ende
des 19. Jahrhunderts mit der Gründung der ersten Gartenbauschule
einen Boom aus. »*Jede Frau sollte Gärtnerin sein und es verstehen, neben
der jungen Generation auch das Gesinde des Hauses für Pflanzenzucht
zu erwärmen, es gibt keinen besseren Hebel zur Versittlichung*«[33], wirbt
sie in der Zeitschrift *Die Gartenwelt*. Deutschlandweit sprießen bis zum
Ersten Weltkrieg zahlreiche Gartenbauschulen aus dem Boden, wo
»höhere Töchter« in einer zweijährigen Ausbildung in Botanik, Blumen-
zucht, Landschaftsgärtnerei, Gehölzkunde und Obst- und Gemüsebau

unterrichtet werden. Die Gartenbauschulen bilden eine gesellschaftlich akzeptierte Alternative zu den neu entstandenen Berufen im Bereich sozialer Arbeit wie Wochenpflegerin, Kindergärtnerin und Fürsorgerin. Käte Braun gärtnert begeistert und legt ihre Schlussprüfung erfolgreich ab. Eine anschließende Berufstätigkeit als Gärtnerin kommt für die Juristentochter nicht in Frage. Die Mutter wird froh gewesen sein, dass ihre Tochter Strohhut, blaue Schürze, Leinenbluse und Schaftstiefel gegen züchtige Röcke, Kleider und Blusen eintauscht, um sich in das gesellschaftliche Leben mit Tanztees, Rheinfahrten und Theaterbesuchen zu stürzen.

Für eine »glänzende Partie« sorgt der Ehemann der Schwester Magdalene, Carl Wuppermann, der 1913 ein Treffen seines Freundes Julius Ahlmann mit Käte arrangiert. Der 33-jährige welterfahrene Industriellensohn stammt aus einer der einflussreichsten Familien Schleswig-Holsteins, die mit der Holler'schen Carlshütte bei Rendsburg zu den größten Arbeitgebern der Region gehören. Wie Ende des 19. Jahrhunderts in Unternehmerfamilien üblich, hatte Julius Ahlmann nach der Obersekundareife eine vierjährige Lehre absolviert und anschließend in Firmen in Dänemark, England, Spanien, Frankreich und den USA gearbeitet. Weder ein Wirtschafts- noch ein Ingenieurstudium gelten als zwingende Voraussetzung für den Firmenchef. Als Prokurist und designierter Nachfolger seines Vaters als kaufmännischer Direktor steht Julius Ahlmann am Beginn einer glänzenden Karriere.

Das junge Paar wird sich rasch »handelseinig«. Pragmatisch beantwortet die 22-Jährige den schriftlichen Heiratsantrag mit den Worten: »*Sie wissen ja, daß ich Sie lieb habe, und was kann ich da noch viel sagen, da ich wie Sie des festen Glaubens bin, daß wir unseren Weg wohl zusammen gehen können.*«[34] Knapp gibt sie dem Bräutigam Anweisungen, wann und wo er in Köln bei ihrem jüngst verwitweten Vater um ihre Hand anhalten soll. Nach sieben Monaten Verlobungszeit wird im Mai 1914 mit einem prunkvollen Fest im Kölner Excelsior Hotel Ernst geheiratet. Das Paar ist kaum in die großbürgerlich ausgestattete Wohnung nach Schleswig-Holstein gezogen, da beendet der Ausbruch des Ersten Weltkriegs ihr Glück. Bereits Anfang August zieht der Juniorchef in den Krieg. Täglich unterrichtet Käte Ahlmann ihren »Jules« brieflich über

die Lage in der Eisengießerei, wo es an Arbeitern und Rohstoffen man-
gelt. Da weder der Norden noch die Schwiegereltern sie ausreichend
binden, zieht es sie ins Rheinland zu den geliebten Schwestern und
ihren Familien zurück.

Mit »*Deine emanzipierte Frau*«[35] unterschreibt Käte Ahlmann den
Brief an ihren Mann, in dem sie ihm mitteilt, dass sie in Köln den Füh-
rerschein abgelegt und obendrein ein Auto gekauft habe. Sie sei dabei
»*im dichtesten Gewühl über die Hohe Straße rund um den Dom herum*«
gefahren. Ansonsten erfüllt Käte Ahlmann die gesellschaftlichen Erwartungen: 1915 kommt Tochter Marlene zur Welt, der 1917 Roseli und 1919
Hans-Julius folgen. Nach der Kriegsrückkehr Jules' brilliert sie auf dem
neu eingerichteten Sommersitz als Gastgeberin gepflegter Feste – trotz
Notrationen – und kümmert sich ansonsten um die Kinderschar, die 1924
um Josef-Severin anwächst. Langsam fasst die ehrgeizige junge Frau
in der schleswig-holsteinischen Gesellschaft Fuß, wofür ihre Wahl als
Kreisvorsitzende des Vaterländischen Frauenvereins des Roten Kreuzes
spricht. Ihr Mann modernisiert in den Zwanzigerjahren den Betrieb
und etabliert die Firma im Inland als gefragtes Unternehmen für Öfen,
im Ausland für Badewannen. Besonders beliebt sind die freistehende
»Cabinettwanne« sowie Gasherde, Waschkessel oder Pumpen. 1930

Käte Ahlmann begeistert sich fürs Gärtnern und besucht ab 1908
eine der neugegründeten Gartenbauschulen.

zählt der Betrieb bereits 1420 Arbeiter und Angestellte. Unermüdlich reist der Direktor durch die Welt, sorgt für gefüllte Auftragsbücher und kümmert sich zu Hause väterlich um seine Mitarbeiter.

Gemeinsam mit seiner Frau beschließt er 1924, möglichst viele Aktien zu erwerben, um die Kontrolle im Aufsichtsrat zu übernehmen. Parallel erschüttern Schicksalsschläge die Familie, die den Charakter Käte Ahlmanns formen. 1924 stirbt Roseli nach einer Blinddarmentzündung und 1930 wird ein Gehirntumor bei Julius Ahlmann diagnostiziert, an dem er rasch stirbt. Auf dem Totenbett erklärt er testamentarisch seine Frau zur Alleinerbin und zum Vorstandsmitglied. Damit ändert sich der Lebensentwurf Käte Ahlmanns weitreichend. Ihre Biografin Felicitas Glade resümiert: Käte Ahlmann »[...] plante in dieser zutiefst existentiellen Krise anscheinend mit ruhiger Klarheit und weitgreifenden Überlegungen die Zukunft der Familie unter radikal geänderten Verhältnissen«.[36]

Wie die meisten Unternehmerwitwen verfügt auch Käte Ahlmann weder über ein Wirtschaftsstudium noch über eine kaufmännische Ausbildung. Damit gehört sie zu einer Generation von Unternehmerwitwen, die bei Betriebsübernahme im Vergleich zu männlichen Unternehmern deutlich benachteiligt sind. »Frau Julius Ahlmann«, wie sie sich selbst nennt, möchte im Gegensatz zu anderen Witwen die Weichenstellung »ihrer« Firma eigenständig bestimmen. Sie fordert – unterstützt von ihren im Aufsichtsrat sitzenden Schwägern – Mitsprache bei allen zentralen Entscheidungen. Als Direktor Otto Adlung ihre »*vertraglich vereinbarte Mitarbeit permanent erschwert und behindert*«[37], wird er entlassen.

Nach dem Tod ihres Mannes setzt sich Käte Ahlmann gegen alle Widerstände durch

Damit ist der Weg frei. Bereits 1937 erreicht die Hauptaktionärin die Umwandlung der Aktien- in eine Kommanditgesellschaft, womit die ursprüngliche Holler'sche Carlshütte mit Industrieanlagen, Schiffen, Häusern, Fuhrpark und 456 werkseigenen Wohnungen in ihren allei-

nigen Besitz übergeht. Mit diesem Husarenstück emanzipiert sich Käte Ahlmann endgültig von ihrem erfolgreichen Mann. Felicitas Glade kommentiert: »Ihr Erbteil waren nur Aktien gewesen und der Nimbus Ahlmann. Die Energieleistung, klug und weitblickend mit diesen Pfunden zu wuchern, kam einem Phänomen gleich.«[38] Ihren Sieg feiert sie bei einem Glas Sekt. Was der Familie gehört, soll auch so heißen. 1941 wird die Firma in Ahlmann-Carlshütte K.G. umbenannt. Parallel übernimmt sie als Firmeninhaberin die alleinige Verantwortung, nachdem auch Direktor Hinrich Bosse gehen musste. »*Nie mehr werde ich mir die wichtigsten Geschäfte aus der Hand gleiten lassen*«[39], stellt sie fest und sorgt dafür, dass ihre Position bis zu ihrem Tod unangefochten bleibt.

Der Aufstieg während der NS-Zeit ist mit Zugeständnissen erkauft. Käte Ahlmann tritt in die NSDAP ein: »*Ende 1937 hörte ich, dass meine nächsten Mitarbeiter, wie ein großer Teil der Büroangestellten, der Partei als Mitglieder beigetreten waren. Da ich befürchten musste, dass hieraus meiner Stellung als persönlich haftender Gesellschafter und Betriebsführer der Carlshütte unüberwindliche Schwierigkeiten erwachsen würden, entschloss ich mich zum Eintritt in die Partei*«[40], erläutert sie diesen Schritt. In Schleswig-Holstein kommt die NSDAP bei den Reichstagswahlen 1932 auf 51,1 Prozent. Als »Betriebsführer« sorgt die Chefin dafür, dass das Unternehmen in eine ausgezeichnete Lehrlingsausbildung inklusive Lehrwerkstatt investiert und ein Altersheim für ehemalige Werksangehörige einrichtet.

Ab 1941 wird die Firma in den Dienst der Kriegspolitik gezogen. Tragflächen für den bekannten Sturzkampfbomber »Ju 87« werden in

Das Ehepaar Käte und Julius Ahlmann kurz nach der Hochzeit

Carlshütte ebenso produziert wie Spreng- und Wurfgranaten. Hierzu beschäftigt das Unternehmen über tausend meist sowjetische Zwangsarbeiter, die bei schlechter Bezahlung und harten Arbeitsbedingungen in einer Barackenstadt untergebracht werden. »Wie weit die soziale Diskriminierung reichte, machte allein die Tatsache deutlich, dass Russen betriebsintern nicht ihre Namen trugen, sondern von Anfang an nur mit den fortlaufenden Nummern ihrer Aufnahme in das Arbeitsverhältnis benannt wurden«[41], beschreibt Felicitas Glade die Auflage der SS. Viele der Zwangsarbeiter sind Frauen. Obgleich Käte Ahlmann sich pragmatisch mit dem NS-Regime arrangiert, behält sie ihren protestantisch geprägten Wertekanon bei und sorgt beharrlich beim Ernährungsamt dafür, dass die Arbeiter eine bessere Kost, inklusive Obst und Gemüse erhalten und dass es eine Entbindungsstation gibt.

Am Tag der Kapitulation Deutschlands, dem 8. Mai 1945, rücken britische Truppen in Rendsburg ein. Doch Käte Ahlmann wartet vergeblich in ihrem Kontor auf die Besatzer, die den unzerstörten Betrieb erst zwei Tage später besichtigen. Die Machtverhältnisse sind klar – offen hingegen, welche Rolle die Firma in der Nachkriegszeit spielen wird. Die Briten drängen auf Demontage des im Krieg weitgehend intakt gebliebenen Unternehmens, um die Reparationsansprüche zu decken. Als Inhaberin sieht sich Käte Ahlmann in einem Entnazifizierungsverfahren mit schweren Vorwürfen konfrontiert, die die Behandlung der Zwangsarbeiter betreffen. Zunächst stuft der Ausschuss sie als so belastet ein, dass er Vermögen und Konten sperrt, sie von der Firmenleitung entbindet, die auf ihren designierten Nachfolger Hans-Julius Ahlmann über geht. Kämpferisch gesinnt schaltet sie einen Anwalt ein und erreicht, dass die britische Militärregierung sie in der Revisionsinstanz Ende 1947 nur als Mitläuferin ohne Sanktionen einstuft.

Damit startet Käte Ahlmann erneut durch. Nach Gründung der Bundesrepublik engagiert sie sich als CDU-Mitglied für die soziale Marktwirtschaft von Bundeswirtschaftsminister Ludwig Erhard. Schon im Juli 1949 zieht sie zeitweilig in ein großes Gartenhaus in Bad Godesberg, das Ort geselliger Abendessen wird. Das neue Domizil rückt sie räumlich sowohl den rheinischen Verwandten wie der Bundespolitik näher. Parallel gründet sie ein Tochterunternehmen im nahegelegenen

Andernach am Rhein, womit sie die Anbindung an Westdeutschland betont. Innerhalb weniger Jahre sorgt das Erweitern der Produktpalette
für den Aufschwung. Die Firma profitiert vom Wirtschaftswunder mit
seiner ausgedehnten Bautätigkeit und setzt auf Badewannen, Heiz- und
Kochgeräte sowie Geschirrspüler. Mit dem 1952 konzipierten Schwenk-
schaufelbagger stößt das Unternehmen in eine Marktlücke. Zwei Jahre
später wächst die Belegschaft auf über 2000 Mitarbeiter an, erweitert
um die Sektoren Logistik, Maschinenbau und eine Reederei. Deutschlandweit gehört Käte Ahlmann zu den profiliertesten Unternehmern,
die ihre weibliche Seite nicht verleugnet, wovon Körbe mit Äpfeln im
Betrieb ebenso sprechen wie der Umtausch von Bier- durch Milch-
kästen. Die Mitgliederversammlung der Arbeitsgemeinschaft Selbständiger Unternehmer (ASU) wählt sie deshalb 1950 als einzige Frau in den
Vorstand. Mit Verve kämpft sie mit anderen mittelständischen Firmen-
bossen gegen gewerkschaftliche Mitbestimmung und für die Interessen
von Familienunternehmen.

1954 gründet Käte Ahlmann mit 30 Gleichgesinnten den Verband deutscher Unternehmerinnen als Frauennetzwerk der deutschen Wirtschaft

Da trifft die Familie ein weiterer Schicksalsschlag. 32-jährig stirbt der
Sohn und Juniorchef bei einem Verkehrsunfall. Der charismatische
Hans-Julius Ahlmann hatte in der Region als Hoffnungsträger gegolten.
Käte Ahlmann – unbestrittener Familienmittelpunkt – fühlt sich öfter
einsam. Entspannung findet sie bei der geliebten Gartenarbeit. Umso
mehr freut es sie, dass ihre Enkelin Rosely Oetker zu ihr nach Büdelsdorf zieht. »In dieser Zeit habe ich mehr gelernt als an der Uni«[42], äußert
sich die spätere Wirtschaftswissenschaftlerin, die mit ihrer Großmutter
täglich den Wirtschaftsteil großer Tageszeitungen studiert. Ihre Großmutter sei ihr großes Vorbild gewesen. »Sie haben Ihrer Enkelin nie
gesagt, was sie tun soll, aber Sie haben ihr immer alles zugetraut. Wie
allen Frauen«[43], bringt es die Journalistin Kerstin Bund auf den Punkt

und ergänzt: »Sie setzten sich immer für Frauen ein, eine Feministin waren Sie aber nie.«

Zunächst zögerlich, später leidenschaftlich gründet die Unternehmerin 1954 mit 30 Gleichgesinnten den Verband deutscher Unternehmerinnen (VdU), wofür die Initiative der französischen Fabrikantin Yvonne Edmond Foinant den Ausschlag gibt. Sie hatte 1946 den französischen Unternehmerinnenverband Femmes Chef d'Entreprises Mondiales (FCEM) ins Leben gerufen, um Firmenchefinnen europaweit zu vernetzen. Dies öffnet Käte Ahlmann in ihren acht Jahren als VdU-Präsidentin den Weg auf das internationale Parkett und verschafft ihr belebende Kontakte und Freundschaften. Wenngleich das Frauennetzwerk vielfach als »millionenschweres Damenkränzchen« belächelt wird, entwickelt es sich in wenigen Jahren zum international vernetzten Wirtschaftsverband, der die bis dato »unsichtbaren Unternehmerinnen« stärker ins Licht rückt. Allein in Deutschland sind über zwanzig Prozent von Firmen in Frauenhand. Bis auf Ausnahmen wie die Puppen-

Die Unternehmerin Käte Ahlmann im Gespräch mit
Wirtschaftsminister Ludwig Erhard

macherin Käthe Kruse, die Verlegerin Aenne Burda oder die Keramikerin Hedwig Bollhagen bleiben sie weitgehend unbekannt. Wie souverän und charmant Käte Ahlmann in ihrer neuen Rolle aufgeht, macht ein Foto deutlich. Stehend auf einem Podest hören Käte Ahlmann die Gäste beim feierlichen Empfang durch Bundeswirtschaftsminister Erhard 1957 anlässlich des FCEM-Kongresses zu.

Früh erkennt der Unternehmerinnenverband den Mangel an Ingenieurinnen. Bei dem Weltkongress der Unternehmerinnen fordert Käte Ahlmann von der Politik: »Schaffen wir also Schulen für Ingenieurinnen, und wir verhelfen unserer Wirtschaft zu einem Mehr an qualifiziertem technischen Nachwuchs.«[44] Auch wenn ihre Forderung in der Politik verhallt, verhilft sie dem Verband durch ihr politisches und wirtschaftliches Netzwerk zu Strahlkraft. Als sie 1962 zurücktritt, ist sie eine der bekanntesten deutschen Unternehmerinnen der Nachkriegszeit, was sich auch daran zeigt, dass sie als erste Frau das Große Bundesverdienstkreuz erhält. Kurz vor ihrem Tod stiftet sie ein Eisenkunstguss-Museum in Büdelsdorf. Als sie im Juni 1963 stirbt, ist ihr designierter Nachfolger, ihr Enkel Hans-Julius, elf Jahre alt. Erbauseinandersetzungen, die Verknappung des Erdöls und die Rezession im Hochbau sorgen 1974 dafür, dass das Unternehmen Konkurs anmelden muss. Heute erinnert die Käte Ahlmann Stiftung an ihre Namensgeberin, die als »einzige Stiftung in Deutschland, sich einem exklusiven, interdisziplinären Mentoring von Unternehmerinnen für Unternehmerinnen auf professioneller Basis widmet«.[45] Dabei geht es Stiftung und Freundeskreis vor allem um eins: Jungen Unternehmerinnen Mut zu machen, Verantwortung zu übernehmen, und damit das zu tun, was für Käte Ahlmann lebenslang Antrieb gewesen ist.

Ihr unternehmerisches Erbe wird heute von ihrer Enkelin Rosely Schweizer und ihrem Enkel Hans-Julius Ahlmann und deren Nachkommen weitergeführt.

Back sides gutters strand & Burns Rivulets garth
Gardens Orchards Cellars Sollars Lofts Rooms garrets
waters watercourses ways paths passages entries
easem.ts profits Commodities Advantages Emolum.ts
Hereditam.ts Appendants and Appur.ces what s.
to the said Mess.e Burge or Tenem.t Backbuildings
said Garden and other the premises herein or
tended to be hereby granted and demised and every
any part thereof now belonging or in any wise
appertaining or with them or any of them now heretofore
occupied possessed enjoyed or accepted reputed
deemed taken or known to be a part parcel or
member thereof And the Rever.n and Rever.n Remainder
and Rem.ts Rents Issues and Profits of all and singular
said Prem.es hereby granted and demised or
and so to be with the appurtenances and every
part and parcell thereof To have and to hold the
Tenement Backbuildings Yard
all and singular other the premises
demised or intended so to be
parcel thereof with their and every
and Appur.ces unto the said
and also from the day next
at & of these presents for and
full end and Term of one whole
next and immediatly ensuing

Danksagung

Ein Buch entsteht nicht alleine, sondern nur, weil zahlreiche Personen, mich dabei unterstützt haben. Mein besonderer Dank gilt meiner Familie, insbesondere Thomas Nesseler, Uta von Aretin und Cajetan von Aretin, meinen Freunden Annette von Gerlach-Zapf, Clarissa Haenn, Angelika Lange-Gao, Traugott Schoefthaler, Ida Roët de Campos, Michael de Campos, Daniela Schäfer und Rafiya, die mir geduldig zugehört haben. Prof. Dr. Ulrich Meyer, Berit Kramer und Prof. Dr. Iris Lauterbach erwiesen sich in ihrer Unterschiedlichkeit als ebenso wunderbare Lektoren wie Eva Römer.

Weiterhin bin ich zu Dank verpflichtet:

Dr. Marion Röwekamp (Lateinamerika-Institut, Freie Universität Berlin). Prof. Dr. Rainer Nicolaysen (Arbeitsstelle für Universitätsgeschichte der Universität Hamburg). Prof. Dr. Annette Vogt (Max-Planck-Institut für Wissenschaftsgeschichte Berlin). Christina Caprez (Zürich). Dr. Susanne Kiewitz (Max-Planck-Gesellschaft Berlin). Prof. Dr. Brigitte Strohmaier (Institut für Isotopenforschung und Kernphysik, Universität Wien). Christiane Hoffrath (Universitäts- und Stadtbibliothek Köln). Dr. Kristina Starkloff (Archiv der Max-Planck-Gesellschaft Berlin). Dr. Jost Lemmerich (Berlin). Dr. Marion Kazemi (Berlin). Dr. Almut Grunewald (Institut für Geschichte und Theorie der Architektur, Zürich). Dr. Regula Zürcher (Staatsarchiv St. Gallen). Prof. em. Arthur Rüegg (Villa Tugendhat). Prof. Dr. Ludwig Heuss (Spital Zollikerberg). Dr. Gerald Mackenthun (Berlin). Dr. Rüdiger Rombach (Ehingen), Doretta Loschelder (Berlin). Monika Bill (Gosteli Stiftung Worblaufen). Karin Jäger (Berlin). Dr. Matthias Recke (Institut für Archäologische Wissenschaften, Goethe-Universität Frankfurt). Prof. Dr. Ulrich Fellmeth (Universitätsarchiv und Museum der Universität Hohenheim). Nikolaus Turner (Stiftung Lindauer Nobelpreisträgertreffen), Anne Marie De Jonghe (Verband Deutscher Unternehmerinnen, München). Felicitas Glade. ACO Severin Ahlmann GmbH. Rosely Schweizer (Käte Ahlmann Stiftung, Hamburg). Doreen Thomsen (Käte Ahlmann Stiftung, Hamburg).

Quellen

KAPITEL 1

Frauen drängen in Männerdomänen

1 Schoch, Career, S. 78.
2 *The Arlington News*, 23.12.1975, zitiert nach: Rainer Nicolaysen, Recht und Gerechtigkeit, S. 116, Anm. 12.
3 Nicolaysen, Recht und Gerechtigkeit, S. 118.
4 Zitiert nach Lembke, Valentiner, Magdalene Schoch, S. 2.
5 Röwekamp, Juristinnen, S. 359.
6 Nicolaysen, Recht und Gerechtigkeit, S. 119.
7 Zitiert nach Wittek, Absprung, S. 180.
8 Schoch, Career, S. 76.
9 Nicolaysen, Recht und Gerechtigkeit, S. 121.
10 Oeter, Magdalene Schoch, S. 34.
11 Nicolaysen, Recht und Gerechtigkeit, S. 123.
12 Hoffmann, Zonta-Club, S. 11.
13 Hoffmann, Zonta-Club, S. 13.
14 Nicolaysen, Recht und Gerechtigkeit, S. 128.
15 Schoch, Career, S. 79.
16 Nicolaysen, Recht und Gerechtigkeit, S. 130.
17 Schoch, Career, S. 80.
18 Lembke, Valentine, Magdalene Schoch, S. 13.
19 Zitiert nach Reisman, Hilda Geiringer, S. 10.
20 Zitiert nach Reisman, Hilda Geiringer, S. 10.
21 Tobies, Männerkultur, S. 233.
22 Zitiert in: Tobies, Männerkultur, S. 234.
23 Binder, Beiträge, S. 63.
24 Vogt, Privatdozentin, S. 41.
25 Zitiert nach Siegmund-Schultze, Hilda Geiringer-von Mises, S. 367.
26 Zitiert nach Siegmund-Schultze, Hilda Geiringer-von Mises, S. 367.
27 Siegmund-Schultze, Hilda Geiringer-von Mises, S. 366.
28 Eden, Irzik, German mathematicians, S. 442.
29 Zitiert nach Reisman, Hilda Geiringer, S. 6.
30 Christa Binder, H.G.: ihre ersten Jahre, S. 44.
31 Vogt, Privatdozentin, S. 44.
32 http://www.srf.ch/kultur/gesellschaft-religion/die-schande-ein-weib-zu-sein-grossmutter-die-erste-pfarrerin
33 Caprez-Roffler, Die Pfarrerin, S. 10.
34 Aerne, Greti Caprez-Roffler, S. 422.
35 Aerne, Greti Caprez-Rofler, S. 416.
36 Caprez, Pfarrerin als Vorbote, unveröffentlichtes Manuskript.
37 Caprez-Roffler, Pfarrerin, S. 85.
38 Caprez-Roffler, Pfarrerin, S. 36.
39 Caprez, Meine Großmutter, Südostschweiz, 19.11.2015.
40 Aerne, Greti Caprez-Roffler, S. 428.
41 Caprez, Greti Caprez-Roffler, S. 41.
42 Aerne, Greti Caprez-Roffler, S. 421.
43 Caprez-Roffler, Die Pfarrerin, S. 22.
44 Kramm, Die (illegale) Pfarrerin, Bündner Kirchenbote, Februar 2002, Nr. 2, S. 2.
45 Caprez-Roffler, Die Pfarrerin, S. 65.
46 Caprez-Roffler, Die Pfarrerin, S. 80.
47 Caprez-Roffler, Die Pfarrerin, S. 86.
48 Caprez, Greti Caprez-Roffler, S. 19.
49 Caprez, Die Pfarrerin als Vorbotin, S. 254 f.
50 Caprez, Greti Caprez-Roffler, S. 267

KAPITEL 2

Pionierinnen der Naturwissenschaften

1 Hosseinzadeh, Maria Gräfin von Linden, S. 202.
2 Junginger, Linden, S. 110.
3 Flecken, Maria Gräfin von Linden, S. 254 f.

4 Brief abgedruckt in:
Junginger, Linden,
S. 149.
5 Junginger, Linden,
S. 118.
6 Junginger, Linden,
S. 119.
7 Junginger, Linden,
S. 123.
8 Flecken, Maria Gräfin
von Linden, S. 263.
9 Vogt, Hintereingang,
S. 100.
10 Just, Nazikritische
Zoologin, S. 80 f.
11 Hosseinzadeh, Maria
Gräfin von Linden,
S. 205.
12 Sexl, Hardy, Lise
Meitner, S. 18.
13 Lemmerich, Bande der
Freundschaft, S. 40.
14 Lemmerich, Bande der
Freundschaft, S. 85.
15 Vogt, Hintereingang,
S. 112.
16 Rife, Lise Meitner,
Jewish Women's Archive.
17 Sime, Lise Meitner, S. 5.
18 Lemmerich, Bande der
Freundschaft, S. 94.
19 Nürnberg, Maurer,
Höxtermann, Frauen-
kultur, S. 411.
20 Lemmerich, Bande der
Freundschaft, S. 115.
21 Sexl, Hardy, Lise
Meitner, S. 82.
22 Lemmerich, Bande der
Freundschaft, S. 136.
23 Sexl, Hardy, Lise
Meitner, S. 89.
24 Voigt, Gemeinde,
S. 105.

25 Lemmerich, Bande der
Freundschaft, S. 297.
26 Lemmerich, Bande der
Freundschaft, S. 298.
27 Lemmerich, Bande der
Freundschaft, S. 210.
28 Scheich, Science,
S. 164 f.
29 Rife, Lise Meitner.
30 Sexl, Hardy, Lise
Meitner, S. 119.
31 Scheich, Schiemann,
S. 101.
32 Vogt, Hintereingang,
S. 381.
33 Scheich, Science,
S. 168.
34 Lemmerich, Brief-
wechsel, S. 386.
35 Rentetzi, Trafficking
Materials, S. 26.
36 Stiftungsbrief von
Karl Kupelwieser von
1911, zitiert in: Bischof,
Frauen, S. 15.
37 Bischof, Frauen, S. 76.
38 Sime, Marietta Blau,
S. 6.
39 Rosner, Strohmaier,
Marietta Blau, S. 15.
40 Sime, Marietta Blau,
S. 15.
41 Rosner, Strohmaier,
Marietta Blau, S. 42.
42 Rosner, Strohmaier,
Marietta Blau, S. 40.
43 Sime, Twice removed,
S. 159.
44 Rosner, Strohmaier,
Marietta Blau, S. 54.
45 Rosner, Strohmaier,
Marietta Blau, S. 99.
46 Sime, Marietta Blau,
S. 22.

47 Rosner, Strohmaier,
Marietta Blau, S. 100.

KAPITEL 3
Frauen in Kultur und Medien

1 Richter, Summe des
Lebens, S. 9.
2 Richter, Summe des
Lebens, S. 11.
3 Richter, Summe des
Lebens, S. 76.
4 Raggam-Blesch,
Pioneer, S. 94.
5 Spitzer, In Memoriam,
S. 331.
6 Richter, Summe des
Lebens, S. 63.
7 Richter, Summe des
Lebens, S. 43.
8 Hoffrath, Bücher-
spuren, S. 28 f.
9 Richter, Summe des
Lebens, S. 70.
10 Pulgram, Pluribus
Prima, S. 284.
11 Freidenreich, Eli-
se Richter, Jewish
Women's Archive.
12 Richter, Summe des
Lebens, S. 109.
13 Spitzer, In Memoriam,
S. 332.
14 Pulgram, Pluribus
Prima, S. 286.
15 Richter, Summe des
Lebens, S. 193.
16 Richter, Summe des
Lebens, S. 210.
17 Richter, Summe des
Lebens, S. 171.

18 Richter, Summe des Lebens, S. 219.

19 Hoffrath, Bücherspuren, S. 56.

20 Hoffrath, Bücherspuren, S. 68.

21 Richter, Summe des Lebens, S. 222.

22 Raggam-Blesch, Pioneer, S. 122.

23 Richter, Summe des Lebens, S. 239.

24 Recke, Margarete Bieber, S.147.

25 Zitiert nach Oberschelp, Margarete Bieber.

26 Bonfante, Recke, Margarete Bieber, S. 6.

27 Oberschelp, Margrete Bieber, S. 72.

28 Bonfante, Recke, Margarete Bieber, S. 28.

29 Bonfante, Recke, Margarete Bieber, S. 15

30 Winkes, Margarete Bieber, S. 73.

31 Kiewitz, Treffpunkt, S. 12.

32 Zitiert nach Hennig, Berlin, S. 186.

33 Lemmerich, Politik, S. 28.

34 Kiewitz, Treffpunkt, S. 58.

35 Archiv der Max-Planck-Gesellschaft, I. Abt., Rep 1C, Nr. 26.

36 Archiv der Max-Planck-Gesellschaft, I. Abt., Rep 1C, Nr. 26.

37 Kiewitz, Treffpunkt, S. 12.

38 Zitiert nach Hennig, Harnack-Haus, S. 10.

39 Die Seele des Hotels der Gelehrten, Berliner Illustrierte Nachtausgabe 17.12.1935.

40 Archiv der Max-Planck-Gesellschaft, I. Abt., Rep 1C, Nr. 26.

41 Zitiert nach Hennig, Berlin, S. 192.

42 Archiv der Max-Planck-Gesellschaft, I. Abt., Rep 1C, Nr. 26.

43 Archiv der Max-Planck-Gesellschaft, I. Abt., Rep 1C, Nr. 26.

44 »Die Seele des Hotels der Gelehrten«, Berliner Illustrierte Nachtausgabe 17.12.1935.

45 Gutachten der Reichsstelle zur Förderung des Deutschen Schrifttums, zitiert nach Lemmerich, Politik, S. 123.

46 Carrière an Bosch, 27. April 1938, Archiv der Max-Planck-Gesellschaft, I. Abt., Rep 1C, Nr. 26.

47 Bruderer-Oswald, Giedion-Welcker, S. 394 f.

48 Hugo Debrunner, Begegnung, Neue Zürcher Zeitung 10./11.3.1979.

49 Bruder-Oswald, Giedion-Welcker, S. 34.

50 Bruderer-Oswald, Giedion-Welcker, S. 391.

51 L.V., Bezirke, Neue Zürcher Zeitung, 26. Februar 1979.

52 Bruderer-Oswald, Giedion-Welcker, S. 69.

53 Debrunner, Begegnung mit der Moderne, Neue Zürcher Zeitung, 10./11. März 1979.

54 Bruderer-Oswald, Giedion-Welcker, S. 172.

55 Giedion-Welcker, James Joyce, S. 38.

56 L.V., Bezirke, Neue Zürcher Zeitung, 26.2.1979.

57 Giedion-Welcker, Paul Klee, S. 7.

58 Zitiert nach Medienmitteilung Kunsthaus Zürich, 30.8.2007.

59 L.V, Bezirke, Neue Zürcher Zeitung 26.2.1979.

60 Bruderer-Oswald, Giedion-Welcker, S. 334f.

61 S.v.M., Carola Giedion-Welcker, Werk – Archithese 1979, S. 100.

KAPITEL 4

Im Einsatz für das Wohl des Einzelnen und der Gesellschaft

1 Bleuler-Waser, Der Einfluss des Alkohols, S. 7.

2 Zürcher, Von Apfelsaft bis Zollifilm, S. 35.

3 Bleuler-Waser, Aus meinem Leben, S. 194.

4 Der Rektor der Universität Zürich, H. Fischer, 1957 bei einer Erinne-

rungsfeier, zitiert nach: Scharfetter, Eugen Bleuler, S. 114.

5 Zitiert nach Zürcher, Von Apfelsaft bis Zollifilm, S. 20.

6 Bleuler-Waser, Aus meinem Leben, S. 197.

7 Zürcher, Vom Apfelsaft bis Zollifilm, S. 36 f.

8 Zitiert nach: Zürcher, Von Apfelsaft bis Zollifilm, S. 70.

9 Zitiert nach: Zürcher, Von Apfelsaft bis Zollifilm, S. 73.

10 Joos-Bleuler, Being a member, S. 1116.

11 Bleuler-Waser, Aus meinem Leben, S. 210.

12 Zitiert nach: Zürcher, Von Apfelsaft bis Zollifilm, S. 47.

13 Mösli, Eugen Bleuler, S. 174.

14 Baum, Rückblick, S. 379.

15 Baum, Rückblick, S. 379.

16 Huch, Erinnerungen, S. 242.

17 Huch, Erinnerungen, S. 222.

18 Baum, Leuchtende Spur, S. 46.

19 Baum, Leuchtende Spur, S. 53.

20 Baum, Rückblick, S. 101.

21 Zitiert nach Ulrike Rückert, Vorkämpferin für Frauenrechte, Deutschlandradio.

22 Baum, Leuchtende Spur, S. 95.

23 Baum, Leuchtende Spur, S. 96.

24 Baum, Leuchtende Spur, S. 109.

25 Baum, Leuchtende Spur, S. 175.

26 Baum, Leuchtende Spur, S. 231.

27 Baum, Leuchtende Spur, S. 257.

28 Baum, Leuchtende Spur, S. 259.

29 Baum, Rückblick, S. 287.

30 Baum, Leuchtende Spur, S. 344.

31 Biegel, Huch, S. 3.

32 Baum, Rückblick, S. 344.

33 Baum, Rückblick, S. 382.

34 Heuss-Knapp, Münsterturm, S. 13.

35 Heuss-Knapp, Münsterturm, S. 35.

36 Heuss-Knapp, Liebe, S. 81.

37 Heuss-Knapp, Ausblick, S. 41.

38 Heuss-Knapp, Liebe, S. 14.

39 Zitiert nach Rudolph, Heimat, S. 13.

40 Elly Knapp an Theodor Heuss, 3.7.1906. Zitiert nach Heuss-Knapp, Bürgerin, S. 68.

41 Heuss-Knapp, Ausblick, S. 88.

42 Heuss-Knapp, Ausblick, S. 94.

43 Zitiert nach Merseburger, Theodor Heuss, S. 156.

44 Merseburger, Theodor Heuss, S. 155.

45 Heuss-Knapp, Ausblick, S. 122

46 Heuss-Knapp, Bürgerin, S. 169.

47 Zitiert nach Jüngling, Elly Heuss-Knapp, S. 178.

48 Zitiert nach Radkau, Heuss, S. 204.

49 Heuss-Knapp, Liebe, S. 50.

50 Heuss-Knapp, Bürgerin, S. 301.

51 Zitiert nach Merseburger, Theodor Heuss, S. 500.

52 Zitiert nach Strerath-Bolz, Elly Heuss-Knapp, S. 133.

53 Hannah Green, Rosengarten, S. 38.

54 Alberta Szalita, Thoughts on Empathy, S. 105.

55 Fromm-Reichmann, Reminescences, S. 470.

56 Fromm-Reichmann, Reminescences, S. 474.

57 Zitiert nach: Klaus Hoffmann, Frieda Fromm-Reichmann, S. 87.

58 Zitiert nach Klaus Hoffmann, Frieda Fromm-Reichmann, S. 88.

59 Fromm-Reichmann, Reminescences, S. 479.

60 Hornstein, Reedem, S. 60.

61 Fromm-Reichmann, Reminiscences, S. 481.

62 Fromm-Reichmann, Psychoanalyse, S. 153.
63 Zitiert nach Szalita, Some Thoughts on Empathy, S. 104.
64 Fromm-Reichmann, Psychoanalyse, S. 39.
65 Szalita, Some Thoughts on Empathy, S. 105.
66 Szalita, Some Thoughts on Empathy, S. 103.
67 Fromm-Reichmann, Psychoanalyse, S. 381.
68 Hornstein, Reedem, S. 388.

KAPITEL 5

Selbstständige und Unternehmerinnen

1 Schelenz, Frauen, S. 68.
2 Rombach, Briefwechsel, S. 1.
3 Rombach, Briefwechsel, S. 3.
4 Rombach, Briefwechsel, S. 3.
5 Rombach, Löwen-Apotheke, S. 294.
6 Reske, Weibliche Apotheker, S. 52.
7 Beisswanger, Frauen in der Pharmazie, S. 69.
8 Zitiert nach Rombach, Apothekerin, S. 124.
9 Rombach, Apothekerin, S. 125.
10 Huber, Paris, S. 13.
11 Hildebrandt, Die Frau als Künstlerin, S. 11.
12 Schindler, Atmosphäre, S. 67.
13 Huber, Paris, S. 11.

14 Huber, Paris, S. 15.
15 Huber, Paris, S. 6.
16 Weiss, Schema, S. 50.
17 Zitiert nach Schindler, Atmosphäre, S. 66.
18 Rüegg, Kontinuität, S. 116.
19 Weiss, Schema, S. 50.
20 Studer, Architektin, S. 17.
21 Studer, Architektin, S. 15.
22 Paula Martin, Suzanne Noël, S. 79.
23 Edith Peritz: Jahresbericht 1931. In: »Rückwärts schauen – vorwärts blicken«, S. 36f.
24 Brief Edith Peritz an den Berliner Club, Januar 1970. In: »Rückwärts schauen – vorwärts blicken«, S. 76.
25 Herbert Faigle, Entschädigungsantrag Edith Peritz, 14.3.1958. Ich danke Karin Jäger für die freundliche Überlassung.
26 Theanolte Bähnisch, Bescheinigung, 14.3.1958. Ich danke Karin Jäger für die freundliche Überlassung.
27 Bleker, Eckelmann, Bund deutscher Ärztinnen, S. 7.
28 Herbert Faigle, Entschädigungsantrag Edith Peritz, 14.3.1958. Ich danke Karin Jäger für die freundliche Überlassung.
29 Brief Edith Peritz an

den Berliner Club, Januar 1970. In: »Rückwärts schauen – vorwärts blicken«, S. 76.
30 Brief Edith Peritz an den Berliner Club, Januar 1970. In: »Rückwärts schauen – vorwärts blicken«, S. 76.
31 Kerstin Bund, Voll Frau, voll Chefin. Die ZEIT 23.1.2014.
32 Felicitas Glade, Käte Ahlmann, S. 7.
33 Felicitas Glade, Jungfern im Grünen, S. 127.
34 Felicitas Glade, Käte Ahlmann, S. 65.
35 Felicitas Glace, Käte Ahlmann, S. 146.
36 Felicitas Glade, Käte Ahlmann, S. 205.
37 Felicitas Glade, Käte Ahlmann, S. 220.
38 Felicitas Glade, Käte Ahlmann, S. 252.
39 Felicitas Glade, Käte Ahlmann, S. 275.
40 Felicitas Glade, Käte Ahlmann, S. 254.
41 Felicitas Glade, Käte Ahlmann, S. 297.
42 Martin Tschepe, Lebenswege. Nach Art des Hauses, Stuttgarter Zeitung 3.1.2010.
43 Kerstin Bund, Voll Frau, voll Chefin, Die ZEIT 23.1.2014.
44 Kerstin Bund, Voll Frau, voll Chefin, Die ZEIT 23.1.2014.
45 http://www.kaete-ahlmann-stiftung.de/

Literatur

Allgemeine Literatur

Albisetti, James: *Mädchen- und Frauen-bildung im 19. Jahrhundert*. Bad Heil-brunn 2007.

Auga, Ulrike, Bruns, Claudia, Harders, Levke, Jähnert, Gabriele (Hg.): *Das Geschlecht der Wissenschaften. Zur Ge-schichte der Akademikerinnen im 19. und 20. Jahrhundert*. Frankfurt am Main 2010.

Birn, Marco: *Die Anfänge des Frauen-studiums in Deutschland. Das Streben nach Gleichberechtigung von 1869–1918*. Heidelberg 2015.

Beuys, Barbara: *Die neuen Frauen – Revolution im Kaiserreich*. München 2014.

Clark, Christopher: *Die Schlafwandler. Wie Europa in den Ersten Weltkrieg zog*. München 2013.

Heindl, Waltraud, Tichy, Marina (Hg.): *»Durch Erkenntnis zu Freiheit und Glück ...« Frauen an der Universität Wien (ab 1897)*. 2. Aufl., Wien 1993.

Korotin, Ilse, Keintzel, Brigitta (Hg.): *Wissenschaftlerinnen in und aus Österreich. Leben – Werk – Wirken*. Wien, Köln, Weimar 2002.

Maurer, Trude (Hg.): *Der Weg an die Universität. Höhere Frauenstudien vom Mittelalter bis zum 20. Jahrhundert*. Göttingen 2010.

Mazón, Patrizia M.: *Gender and the Modern Research University: the Admission of Woman to German Higher Education 1865–1914*. Stanford 2003.

Rogger, Franziska: *Der Doktorhut im Besenschrank – das abenteuerliche Leben der ersten Studentinnen – am Beispiel der Universität Bern*. Bern 2002.

Rogger, Franziska, Bankowski, Monika: *Ganz Europa blickt auf uns! Das Schwei-zer Frauenstudium und seine russischen Pionierinnen*. Baden 2010.

Oertzen, Christine von: *Science, Gender and Internationalism. Women's Academic Network 1917–1955*. London, New York 2014.

Wolfrum, Edgar: *Welt im Zwiespalt. Die andere Geschichte des 20. Jahrhunderts*. Stuttgart 2017.

KAPITEL 1

Frauen drängen in Männerdomänen

Magdalene Schoch

Hoffmann, Traute: *Der erste deutsche Zonta-Club*. Hamburg 2002, 2. Aufl. 2006.

Lembke, Ulrike, Valentiner, Dana-Sophia: »Magdalene Schoch – die erste habili-tierte Juristin in Deutschland«. In: www.legal-gender-studies.de, S. 1–15.

Nicolaysen, Rainer: »Für Recht und Gerechtigkeit. Über das couragierte Leben der Juristin Magdalene Schoch (1897–1987).« In: *Zeitschrift des Vereins für Hamburgische Geschichte*, 92 (2006), S. 113–143.

Nicolaysen, Rainer: »Über das coura-gierte Leben von Magdalene Schoch«. In: Eckart Krause, Rainer Nicolaysen (Hg.): *Zum Gedenken an Magdalene Schoch (1897–1987)*. Hamburger Universitätsreden, Neue Folge 16, Hamburg 2006, S. 43–62.

Oeter, Stefan: »Magdalene Schoch und die Hamburger Universität – eine (ungewöhnliche) Wissenschaftskarriere der 1920er und 1930er Jahre.« In: Eckart Krause, Rainer Nicolaysen (Hg.): *Zum Gedenken an Magdalene Schoch (1897–1987)*. Hamburger Universitätsreden, Neue Folge 16, Hamburg 2006, S. 23–41.

Röwekamp, Marion: *Die ersten deutschen Juristinnen: Eine Geschichte ihrer Professionalisierung und Emanzipation 1900–1945*. Köln, Weimar, Wien 2011.

Schoch, Magdalene: »A bit about my career«. In: Eckart Krause, Rainer Nicolaysen (Hg.): *Zum Gedenken an Magdalene Schoch (1897–1987)*. Hamburger Universitätsreden, Neue Folge 16, Hamburg 2006, S. 75–80.

Wittek, Susanne: *Hamburger Exilbiografien im 20. Jahrhundert*. Hamburg 2014.

Hilda Geiringer

Binder, Christa: »Beiträge zu einer Biographie von Hilda Geiringer – Jugend und Studium in Wien«, *GAMM Mitteilungen*, 1995, 61–72.

Binder, Christa: »Hilda Geiringer: ihre ersten Jahre in Amerika«. In: S. S. Demidov/M. Folkerts/D. E. Rowe/Chr. J. Scriba (Hg.): *Amphora. Festschrift für Hans Wussing zum 65. Geburtstag*. Basel, Boston, Berlin 1992.

Eden, Alp, Irzik, Gürol: »German mathematicians in exile in Turkey: Richard von Mises, William Prager, Hilda Geiringer, and their impact on Turkish mathematics«. In: *Historia Mathematica*, 39 (2012), S. 432–459.

Reisman, Arnold: »Hilda Geiringer: A Pioneer of Applied Mathematics and a Woman Ahead of Her Time was saved from Fascism by Turkey.« In: *Women in Judaism: A Multidisciplinar Journal*, 4/2 (2007), S. 1–19.

Siegmund-Schultze, Reinhard: »Hildegard Geiringer-von Mises, Charles Series, Ideology, and the Human Side of Emancipation of Applied Mathematics at the University of Berlin during the 1920s«. In: *Historia Mathematica*, 20 (1993), S. 364–381.

Tobies, Renate (Hg.): »*Aller Männerkultur zum Trotz*«. Frauen in Mathematik, Naturwissenschaften und Technik. Frankfurt, New York 2008.

Tobies, Renate: »›Aller Männerkultur zum Trotz‹. Frauen erwerben den Doktortitel in Mathematik«. In: Elisabeth Dieckmann, Eva Schöck-Quinteros: *Barrieren und Karrieren. Die Anfänge des Frauenstudiums in Deutschland*. 2. Aufl. Berlin 2002, S. 231–253.

Vogt, Annette: »Die erste Privatdozentin für angewandte Mathematik in Berlin – Hilda Pollaczek-Geiringer«. In: *Berlinische Monatsschrift*, Heft 12/1998.

Greti Caprez-Roffler

Aerne, Peter: »›In 100 Jahren wird man es nicht verstehen, dass unsere Zeit so zurückhaltend war‹. Greti Caprez-Roffler als Pfarrerin in Furna 1931–1934 und der Weg zum Frauenpfarramt in der reformierten Bündner Kirche«. In: *Bündner Monatsblatt: Zeitschrift für Bündner Geschichte, Landeskunde und Baukultur*, 5 (2003), S. 411–447.

Caprez, Christina: »*Die Schande, ein Weib zu sein*«. *Greti Caprez-Roffler, die erste Pfarrerin* (Arbeitstitel). Zürich 2018.

Caprez, Christina: »Die Pfarrerin als Vorbotin einer neuen Zeit? Greti Caprez-Roffler im Rheinwald 1966–1970«. In: *Schweizerische Zeitschrift für Religions- und Kulturgeschichte SZRKG*, S. 251–269.

Caprez, Christina: https://www.srf.ch/kultur/gesellschaft-religion/die-schande-ein-weib-zu-sein-grossmutter-die-erste-pfarrerin.

Caprez-Roffler, Greti: *Die Pfarrerin. Lebenserinnerungen der ersten Bündner Theologin.* Chur 1981.

Kramm, Reinhard: »Die (illegale) Pfarrerin«. In: *Bündner Kirchenbote*, 2/2002, S. 1–3.

KAPITEL 2

Pionierinnen der Naturwissenschaften

Maria von Linden

Flecken, Susanne: »Maria Gräfin von Linden. Wissenschaftlerin an der Universität Bonn von 1899 bis 1933«. In: Elisabeth Dickmann: *Barrieren und Karrieren. Die Anfänge des Frauenstudiums in Deutschland.* 2. Aufl., Berlin 2002, S. 253–271.

Hosseinzadeh, Sonja: »Maria Gräfin von Linden«. In: Ulrich Fellmeth (Hg.): *Margarete von Wrangell und andere Pionierinnen. Die ersten Frauen an den Hochschulen in Baden und Württemberg* (Begleitbuch zur Ausstellung). St. Katharinen 1998.

Junginger, Gabriele (Hg.): *Maria Gräfin von Linden. Erinnerungen der ersten Tübinger Studentin.* Tübingen 1991.

Vogt, Annette: *Vom Hintereingang zum Hauptportal? Lise Meitner und ihre Kolleginnen an der Berliner Universität und in der Kaiser-Wilhelm-Gesellschaft.* Stuttgart 2007.

Lise Meitner und Elisabeth Schiemann

Lemmerich, Jost: *Bande der Freundschaft. Lise Meitner – Elisabeth Schiemann. Kommentierter Briefwechsel 1911–1947.* Wien 2010.

Lemmerich, Jost: »Der Briefwechsel mit Lise Meitner – eine wichtige Quelle zur Biographie Elisabeth Schiemanns«. In: Reiner Nürnberg, Ekkehard Höxtermann, Martina Voigt (Hg.): *Elisabeth Schiemann 1881–1972. Vom Aufbruch der Genetik und der Frauen in den Umbrüchen des 20. Jahrhunderts.* Rangsdorf 2014, S. 371–389.

Nürnberg, Reiner, Maurer, Margarete, Höxtermann, Ekkehard: »Mit Frauenkultur zur Anerkennung – Elisabeth Schiemanns Erfahrungen in den Naturwissenschaften nach dem Bruch mit Erwin Baur 1929«. In: Reiner Nürnberg, Ekkehard Höxtermann, Martina Voigt (Hg.): *Elisabeth Schiemann 1881–1972. Vom Aufbruch der Genetik und der Frauen in den Umbrüchen des 20. Jahrhunderts.* Rangsdorf 2014, S. 410–451.

Rife, Patricia: »Lise Meitner (1878–1968)«. In: *Jewish Women's Archive* https://jwa.org/encyclopedia/article/meitner-lise.

Scheich, Elvira: »Elisabeth Schiemann«. In: Gudrun Fischer (Hg.): *Darwins Schwestern. Porträts von Naturwissenschaftlerinnen und Biologinnen.* Berlin 2009, S. 85–103.

Scheich, Elvira: »Science, Politics, and Morality. The Relationship of Lise Meitner and Elisabeth Schiemann«. In: *Osiris*, 1 (1997), S. 143–168.

Sexl, Lore, Hardy, Anne: *Lise Meitner*. Hamburg 2002.

Sime, Ruth Lewin: *Lise Meitner. Ein Leben für die Physik*. Frankfurt am Main 2001.

Vogt, Annette: *Vom Hintereingang zum Hauptportal. Lise Meitner und ihre Kolleginnen an der Berliner Universität und in der Kaiser-Wilhelm-Gesellschaft*. Stuttgart 2007.

Vogt, Annette: »Elisabeth Schiemann, ihre akademischen Institutionen und ihre Beziehungen zu anderen Wissenschaftlerinnen«. In: Reiner Nürnberg, Ekkehard Höxtermann, Martina Voigt (Hg.): *Elisabeth Schiemann (1881–1972). Vom Aufbruch der Genetik und der Frauen in den Umbrüchen des 20. Jahrhunderts*. Rangsdorf 2014, S. 150–183.

Voigt, Martina: »Elisabeth Schiemanns Bekenntnis und Widerstand im Nationalsozialismus«. In: Reiner Nürnberg, Ekkehard Höxtermann, Martina Voigt (Hg.): *Elisabeth Schiemann 1881–1972. Vom Aufbruch der Genetik und der Frauen in den Umbrüchen des 20. Jahrhunderts*. Rangsdorf 2014, S. 314–337.

Marietta Blau

Bischof, Brigitte: *Frauen am Wiener Institut für Radiumforschung*, Diplomarbeit. Wien 2000.

Rentetzi, Maria: *Trafficking Materials and Gendered Experimental Practices. Radium Research in Early 20th Century Vienna*. Columbia 2007.

Rosner, Robert, Strohmaier, Brigitte (Hg.): *Marietta Blau. Sterne der Zertrümmerung. Biographie einer Wegbereiterin der modernen Teilchenphysik*. Wien 2003.

Sime, Ruth Lewin: »Twice Removed: The Emigration of Lise Meitner and Marietta Blau«. In: Friedrich Stadler: »*Österreichs Umgang mit dem Nationalsozialismus. Die Folgen für die naturwissenschaftliche und humanistische Lehre*«. Internationales Symposium Wien, 5.–6. Juni 2003, Wien/New York 2004, S. 153–165.

Sime, Ruth Lewin: »Marietta Blau: Pioneer of Photographic Nuclear Emulsions and Particle Physics«. In: *Physics in Perspective*, 15 (2013), S. 3–32.

Taschwer, Klaus: *Hochburg des Antisemitismus. Der Niedergang der Universität Wien im 20. Jahrhundert*, Wien 2015.

KAPITEL 3

Frauen in Kultur und Medien

Helene und Elise Richter

Brehmer, Ilse, Simon, Gertrud (Hg.): *Geschichte der Frauenbildung und Mädchenerziehung in Österreich. Ein Überblick*. Graz 1997.

Freidenreich, Harriet: »Elise Richter«. In: Jewish Women's Archive https://jwa.org/encyclopedia/article/richter-elise.

Hoffrath, Christiane (Hg.): *Bücherspuren. Das Schicksal von Elise und Helene Richter und ihrer Bibliothek im »Dritten Reich«*. Köln 2009.

Pulgram, Ernst: »In Pluribus Prima: Elise Richter (1865–1943)«. In: *Romance Philology*, 33 (1979), S. 284–297.

Raggam-Blesch, Michaela: »A Pioneer in Academia: Elise Richter«. In: Judith Szapor (Hg.): *Jewish Intellectual Women in Central Europe 1860–2000. Twelve Biographical Essays*. Lewiston 2012, S. 93–123.

Richter, Elise: *Summe des Lebens*. Wien 1997.

Spitzer, Leo, Adolf, Helene: »In Memoriam Elise Richter«. In: *Romance Philology*, 1 (1947), S. 329–341.
www.richter.twoday.net.
www.richterbibliothek.ub.uni-koeln.de.

Margarete Bieber

Bonfante, Larissa, Recke, Matthias: »Margarete Bieber: Two worlds«: http://www.brown.edu/Reseach/Breaking_Ground/bios/Bieber_Margarete.pdf.

Oberschelp, Marion (Hg.): *Recht auf Wissen. 90 Jahre Frauenstudium an der Gießener Universität*. Gießen 1999.

Recke, Matthias: »Margarete Bieber (1879–1978) – Vom Kaiserreich bis in die Neue Welt: Ein Jahrhundert gelebte Archäologie gegen alle Widerstände«. In: Jana Esther Fries, Doris Gutsmiedl-Schümann (Hg.): *Ausgräberinnen, Forscherinnen, Pionierinnen. Ausgewählte Porträts früher Archäologinnen im Kontext ihrer Zeit*. Münster, New York, München, Berlin 2013, S. 141–149.

Carola Giedion-Welcker

Bruderer-Oswald, Iris: *Das neue Sehen. Carola Giedion-Welcker und die Sprache der Moderne*. Zürich 2008.

Debrunner, Hugo: »Erste Begegnung mit der Moderne. Aus Gesprächen mit Carola Giedion-Welcker«. In: Neue Zürcher Zeitung, 10./11.3.1979.

Giedion-Welcker, Carola: *Plastik des XX. Jahrhunderts*. Stuttgart 1955.

Giedion-Welcker, Carola: *Moderne Plastik – Elemente der Wirklichkeit. Masse und Auflockerung*. Zürich 1937.

Giedion-Welcker, Carola: *Paul Klee*. Stuttgart 1954.

Giedion-Welcker, Carola (Hg.): *In Memoriam James Joyce*. Zürich 1941.

Kunsthaus Zürich, Medieninformation, 30.8.2007.

M., S. v.: »In memoriam Carola Giedion-Welcker«. In: *Werk – Archithese. Zeitschrift und Schriftenreihe für Architektur und Kunst*, 66 (1979), S. 100.

V., L.: »›Bezirke kontinuierlicher Gültigkeiten‹. Carola Giedion-Welcker zum Gedenken«. In: Neue Zürcher Zeitung, 26.2.1979.

KAPITEL 4

Im Einsatz für das Wohl des Einzelnen und der Gesellschaft

Marie Baum und Ricarda Huch

Baum, Marie: *Leuchtende Spur. Das Leben der Ricarda Huch*. Tübingen, Heidelberg 1950.

Baum, Marie: *Ricarda Huch. Briefe an die Freunde*. Tübingen 1955.

Baum, Marie: *Rückblick auf mein Leben*. Heidelberg 1950.

Biegel, Gerd: »*mitten im Elend noch reich gemacht*«. Ricarda Huch und die Erinnerung an den 20. Juli 1944. Kleine Beiträge zum Ricarda-Huch-Jahr 2014. Institut für

Braunschweigische Regionalgeschichte TU Braunschweig 2014.

Bronnen, Barbara: *Fliegen mit gestutzten Flügeln. Die letzten Jahre der Ricarda Huch 1933–1947.* Zürich 2007.

Gabrisch, Anne: *In den Abgrund werf ich meine Seele. Die Liebesgeschichte von Ricarda und Richard Huch.* Zürich 2000.

Geyken, Frauke, Ruge, Elisabeth: »Die Untoten«. In: *Der Spiegel*, 30 (2015), S. 117 ff.

Huch, Ricarda: *Erinnerungen an das eigene Leben.* Köln 1980.

Rückert, Ulrike: »Weibliches Aufbegehren gegen die männliche Dominanz«. Deutschlandradio 8.8.2014.

Schaffrodt, Petra: *Ein Leben in sozialer Verantwortung.* Katalog zur Ausstellung im Heidelberger Universitätsmuseum 19.8.2000 bis 20.1.2001. Heidelberg 2000.

Elly Heuss-Knapp

Goller, Alexander: *Elly Heuss-Knapp. Gründerin des Müttergenesungswerkes: Eine Biographie.* Wien u.a. 2012.

Heuss-Knapp, Elly: *Bürgerin zweier Welten. Ein Leben in Briefen und Aufzeichnungen.* Tübingen 1961.

Heuss-Knapp, Elly: *Alle Liebe ist Kraft. Aufsätze und Vorträge.* München 1965.

Heuss-Knapp, Elly: Ausblick vom Münsterturm. Erinnerungen. Tübingen 1984

Jüngling, Kirsten: *Elly Heuss-Knapp (1881–1952). Die erste First Lady. Ein Porträt.* Heilbronn 1994.

Merseburger, Peter: *Theodor Heuss. Der Bürger als Präsident. Biographie.* München 2012.

Radkau, Joachim: *Theodor Heuss.* München 2013.

Rudolph, Hermann: *So bist Du mir Heimat geworden: Eine Liebesgeschichte in Briefen aus dem Anfang des Jahrhunderts.* Stuttgart 1986.

Strerath-Bolz, Ulrike: *Elly Heuss-Knapp: Wie die First Lady ihr Herz für Mütter entdeckte.* Berlin 2012.

Strohmeyr, Armin: *First Ladys. Die Frauen der deutschen Bundespräsidenten. Elf Porträts.* Wien 2013.

Frieda Fromm-Reichmann

Fromm-Reichmann, Frieda: *Psychoanalyse und Psychotherapie. Eine Auswahl aus ihren Schriften.* Stuttgart 1978.

Fromm-Reichmann, Frieda: »Reminiscences of Europe«. In: *Psychoanalysis and Psychosis.* Madison Connecticut 1989, S. 469–481.

Green, Hannah: *Ich hab dir nie einen Rosengarten versprochen.* 15. Auflage, Reinbek 2015.

Hoffmann, Klaus: »Frieda Fromm-Reichmann – Her Years in Germany 1889–1933«. *International Forum of Psychoanalysis*, 7 (1998), S. 85–96.

Hornstein, Gail: *To Redeem one Person is to Redeem the World. The Life of Frieda Fromm-Reichmann.* New York 2000.

Siebenhüner, Gerda: *Frieda Fromm-Reichmann. Pionierin der analytisch orientierten Psychotherapie von Psychosen.* Gießen 2005.

Szalita, Alberta B.: »Some Thoughts on Empathy«. In: *Psychiatry*, 78 (2015), S. 103–113.

KAPITEL 5

Selbstständige und Unternehmerinnen

Lux Guyer

Eichhorn, Ulrike: *Architektinnen. Ihr Beruf. Ihr Leben.* Berlin 2013.

Huber, Dorothee: »Paris, Florenz, London, Berlin. Lux Guyers Grand Tour (1919–1923) In: Sylvia Claus, Dorothee Huber, Beate Schnitter: *Lux Guyer 1894–1955. Architektin.* S. 10–23.

Maasberg, Ute, Prinz, Regina: *Die Neuen kommen! Weibliche Avantgarde in der Architektur der zwanziger Jahre.* Hamburg 2005.

Rüegg, Arthur: »Kulturelle Kontinuität und Erfindung. Festes und Bewegliches in den Innenräumen Lux Guyers.« In: Sylvia Claus, Dorothee Huber, Beate Schnitter: *Lux Guyer 1894–1955. Architektin.* S. 42–59.

Schindler, Anna: »Atmosphäre ist wichtig für alle Arbeit: Lux Guyer (1894–1955) Architektin«. In: *Werk, Bauen, Wohnen,* 96 (2009), S. 66–68.

Studer, Urs: »Architektin Lux Guyer (1894–1955). Erinnerungen an meine Mutter«, www.ortgeschichte-kuesnacht.ch.

Weiss, Daniel: »›So gar nicht nach dem herkömmlichen Schema‹. Lux Guyer und die Ausstellungsarchitektur der SAFFA 1928«. In: Sylvia Claus, Dorothee Huber, Beate Schnitter: Lux Guyer 1894–1955. Architektin. S. 42–59.

Edith Peritz

Bleker, Johanna, Eckelmann, Christine: »Der Bund deutscher Ärztinnen 1933–1936«. In: *Ärztinnen,* 3 (2014), S. 6–8.

Bleker, Johanna: Sabine Schleiermacher: *Ärztinnen aus dem Kaiserreich. Lebensläufe einer Generation.* Weinheim 2000.

Martin, Paula, Noël, Suzanne: *Cosmetic Surgery, Feminism and Beauty in Early Twentieth-Century France.* Farnham 2014.

Pearce, Joseph: *Terre de promesse. Chronique Familiale.* Arles 2009.

Soroptimist International (Hg.): »Rückwärts schauen – vorwärts blicken«. *Frauen bauen Brücken für den Frieden. 75 Jahre Club Berlin.* Berlin 2005.

https://geschichte.charite.de/aeik/biografie.php?ID=AEIK00829

Käte Ahlmann

Bund, Kerstin: »Voll Frau, voll Chefin«. *Die Zeit,* 23.1.2014.

Eifert, Christiane: *Deutsche Unternehmerinnen im 20. Jahrhundert.* München 2011.

Glade, Felicitas: *Käte Ahlmann. Eine Biografie.* Neumünster 2006.

Glade, Felicitas: »Von den ›Jungfern im Grünen‹. Berufsausbildung für ›höhere Töchter‹ in Gartenbauschulen für Frauen.« In: Rainer Hering (Hg.): *Die Ordnung der Natur. Vorträge zu historischen Gärten und Parks in Schleswig-Holstein.* Veröffentlichungen des Landesarchivs Schleswig-Holstein, Bd. 96. Ort Jahr, S. 121–142.

Kastner, Ruth: »›Frau Direktor‹ aus Büdelsdorf«. In: *Hamburger Abendblatt,* 8.3.2007.

Tschepe, Martin: »Lebenswege. Nach
Art des Hauses«. In: *Stuttgarter Zeitung*,
3.1.2010.

http://www.kaete-ahlmann-stiftung.de/

Bildnachweis

- akg-images, Berlin: 100, 103; 85 unten (Archive Photos); 50 links, 55 rechts (Science Source); 53 (Science Photo Library); 58 (Emilio Segre Visual Archives/ American Institute of Physics/Science Photo Library)
- Arbeitsstelle für Universitätsgeschichte der Universität Hamburg: 25; 16, 20, 23 (Lennie Cujé, Arlington, Virginia, USA)
- bpk, Berlin: 55 links; 50 rechts (Clara Behncke); 118 (Benno Wundshammer)
- Collections of Peerless Rockville, Maryland: 120, 125, 129
- Cossmann, Alfred: 79
- ETH Zürich: 88, 95 (gta Archiv/Sigfried Giedion und Carola Giedion-Welcker); 132, 137 (gta Archiv/ Privatbesitz); 135, 139 (gta Archiv/Lux Guyer)
- Familienarchiv Ahlmann, Büdelsdorf: 150, 153, 155, 158
- Fayer, Wien: 74 rechts
- Fond Photographique Franco et Tommaso Cianetti, Clohars-Carnoët: 97 (Foto: Franco Cianetti)
- Getty Images, München: 127
- Goethe-Universität Frankfurt: 82, 85 oben (Bildarchiv Margarete Bieber/ Matthias Recke)
- Interfoto, München: 42 (Flaschen); 130, 160 (Brief)
- Keystone, Bern: 91 (Zürcher James Joyce Stiftung/Sigfried Giedion)
- Nachlass Caprez-Roffler, Zollikon: 33, 36, 40
- Österreichische Akademie der Wissenschaften, Wien: 64 (Bildarchiv, No. A-0143-C)
- Österreichische Zentralbibliothek für Physik, Wien: 61 (Eva Connors)
- Gereon Schloßmacher, Bonn: 30 (bpb)
- Süddeutsche Zeitung Photo, München: 116; 42 (Joachim Krack); 72, 110 (Scherl); 74 links (Imagno/ÖNB)
- ullstein bild, Berlin: 105; 141 148 (Atelier Jacobi); 98 (dpa); 130 (Herbert Hoffmann); 109 (UMBO)
- Universitätsarchiv Bern: 16, 26 links, 33 rechts (Privatarchiv)
- Universitätsarchiv Tübingen: 14 (UAT S 17b/25); 44 (UAT S 35/1,182 Nr. 3); 45 (UAT S 35/1, 182 Nr. 2); 47 rechts (UAT S 35/1, 182 Nr. 1); 47 links (aus dem Fotoalbum des Zoologischen Instituts der Universität Tübingen, mit freundlicher Genehmigung von PD Dr. Alfons Renz)
- Wallace Library, Wheaton College, Illinois: 26 (Gebbie Archives and Special Collections)

Die folgenden Abbildungen wurden reproduziert nach:

- Carola Giedion-Welcker, *Plastik des XX. Jahrhunderts,* Stuttgart 1955/Foto: Rolf Tietgens: 93
- Jost Lemmerich (Hg.), *Bande der Freundschaft,* Wien 2010: 57
- R. Rosner, B. Strohmaier (Hg.): *Marietta Blau – Sterne der Zertrümmerung,* Wien 2003/Agnes Rodhe/mit freundlicher Genehmigung von Prof. Brigitte Strohmaier, Wien: 63
- Verband der Akademikerinnen Österreichs (Hg.), *Elise Richter: Summe des Lebens,* Wien 1997: 81
- Für die Wiedergabe der Werke von Hans Arp: © VG Bild-Kunst, Bonn 2020

Alle weiteren Abbildungen stammen aus dem Archiv des Insel Verlags.